项目管理

主 编　毛 敏

副主编　牟能冶　龚 迪

西南交通大学出版社
·成 都·

图书在版编目（CIP）数据

项目管理 / 毛敏主编. -- 成都：西南交通大学出
版社，2025. 5. --ISBN 978-7-5774-0390-8

Ⅰ. F224.5

中国国家版本馆 CIP 数据核字第 2025V869A 号

Xiangmu Guanli

项目管理

主　编/毛　敏

策划编辑/王　旻　周　杨
责仼编辑/工　旻
责任校对/谢玮倩
封面设计/何东琳设计工作室

西南交通大学出版社出版发行

（四川省成都市金牛区二环路北一段 111 号西南交通大学创新大厦 21 楼　610031）

营销部电话：028-87600564　　028-87600533

网址：https://www.xnjdcbs.com

印刷：成都中永印务有限责任公司

成品尺寸　185 mm×260 mm

印张　8.75　字数　185 千

版次　2025 年 5 月第 1 版　　印次　2025 年 5 月第 1 次

书号　ISBN 978-7-5774-0390-8

定价　32.00 元

课件咨询电话：028-81435775

→ 前　言

　　本书系统地介绍了项目管理的知识结构和管理体系，具体阐述了项目管理的流程、方法、工具及前沿理论等内容，并围绕项目管理的知识体系，收集整理了物流领域的大量应用案例，反映项目管理在物流领域的科学管理理念和实践。

　　本书在内容编写上借鉴和参考了国内外项目管理领域的经典教材、理论专著和实践书籍，包括美国项目管理协会（PMI）的《项目管理知识体系指南（PMBOK® 指南）》，并融合了编者多年的教学和科研实践经验，力求理论与实际相结合，注重新颖性及实用性。本书可作为物流管理与工程类专业及相关专业高年级本科生和研究生的教材，也适合作为企业项目管理人员、管理咨询者和相关从业人员的参考书。

　　本书编写过程中，借鉴了大量的参考资料，编者已尽可能详细地列出了参考文献，对此深表谢意；若有疏漏之处，编者在此深表歉意，并请及时联系我们，以便在后续版本中增加。

　　在本书的编写过程中，得到了西南交通大学交通运输与物流学院张锦教授、罗洁老师的支持和帮助，得到西南交通大学教务处的资助，在此一并表示感谢。

　　由于编者水平与经验的限制，若有不足之处，敬请专家、同行和广大读者批评指正。

编　者

2025 年 1 月

Contents　　➡　　目　录

第 1 章　项目与项目管理导论

本章主要介绍项目的定义、特征和类型，以及项目管理的含义和作用，阐述项目管理的发展历程。本章是项目与项目管理理论体系的基础部分。

在人类文明演进的漫漫长河中，自上古时期起，为谋求生存与发展，人类便持续开展各类实践活动，以改善生存环境、提升生活品质。从远古部落的集体狩猎，到当代前沿的航天探索，这些活动无一不依赖群体协作与分工配合。随着社会生产力的提升与组织形态的复杂化，人类有组织的活动逐渐分化为两种典型形态：一类是具有重复性、持续性特征的"作业或运作"（Operations），例如企业流水线生产、日常行政管理等，这类活动通过标准化流程维持组织的稳定运转；另一类则是具有明确起止时间、目标导向的临时性活动，即"项目"（Projects），涵盖建造大型建筑、开发创新课程、策划主题活动等场景。这些一次性活动往往需要整合多元资源、突破常规流程，以达成特定目标。由此可见，项目正是人类有组织活动精细化分工与专业化发展的产物，承载着人类突破常规、追求创新的发展诉求。

1.1　项目的概念与特征

1.1.1　项目的定义

在现代社会语境中，"项目"早已突破职场术语的边界，深度融入日常生活的方方面面。从人类探索宇宙的登月计划、港珠澳大桥建设，到商业领域的新型手机研发、影视行业的票房热门电影拍摄，乃至家庭场景中的装修工程，这些活动都具备项目的典型特征。不仅如此，生活中制订家庭旅游行程、规划子女教育路径，甚至精心筹备一场晚宴款待亲友，同样符合项目的定义范畴。与常规的日常事务、机构持续性的经营活动相比，项目具有独特的属性。

不同组织机构与研究学者基于多元视角对"项目（Project）"给出了差异化定义，其中代表性的定义如表 1-1 所示。这些定义可归纳为三层核心内涵：

（1）项目本质上是具有明确目标的待完成任务。这一定义强调项目的过程属性，它是一系列动态活动的集合，而非最终交付成果本身。例如，新图书馆的建设过程可被视为一个项目，而建成后的图书馆则属于项目产出物。

（2）项目需在特定组织框架下，依托有限资源（包括人力、物力、财力等）在既定时间内完成。项目实施必然受到多重条件的制约，涵盖环境因素、资源限制、管理理念等维度。这些约束条件直接转化为项目管理的核心目标，其中质量标准、进度控制、成本预算构成了绝大多数项目普遍面临的三大核心约束要素。

（3）项目成果必须满足预先设定的性能、质量、数量及技术指标要求。作为项目成功交付的必要条件，功能完整性、质量可靠性、数量达标度及技术稳定性等要素均需严格符合项目合同约定的各项标准，这些要求构成了衡量项目成败的关键指标体系。

表 1-1 国内外不同机构对项目的定义

组织	知识体系	定义
美国项目管理协会（PMI）[1]	项目管理知识体系指南（PMBOK® 指南）[2]	项目是为创造独特的产品、服务或成果所做的临时性工作
英国项目管理协会（APM）[3]	APM 项目管理知识体系（APM BOK）[4]	项目是为了在规定的时间、费用和性能参数下满足特定的目标而由一个个人或组织进行的具有规定的开始和结束日期、相互协调的独特的活动集合
英国商务部（OGC）[5]	受控环境下的项目管理（PRINCE2）[6]	项目是按照一个被批准的商业论证，为了交付一个或多个商业产品而创建的一个临时性组织
国际项目管理协会（IPMA）[7]	国际个人项目管理能力基准（ICB@4.0）[8]	一种独特的、临时的、多学科的而且是有组织的活动，通过这些活动，可以得到按照预定义的、商定的要求和约束范围内的可交付成果
国际标准化组织（ISO）[9]	项目管理国际标准（ISO 21502:2020）[10]	实现一个或多个既定目标的临时性努力
中国项目管理研究委员会（PMRC）[11]	中国项目管理知识体系（C-PMBOK）[12]	项目既有组织又有工作，我们要组织一群本来目标并不一致的人，共同完成一项非常创新的、有挑战性的工作

1 美国项目管理协会（PMI, Project Management Institute）成立于 1969 年，世界领先的非营利会员协会的项目管理专业机构。

2 项目管理知识体系指南（PMBOK, Project Management Body of Knowledge Guide），PMBOK® 指南每四年更新一次，2016 年发布了第六版。

3 英国项目管理协会（APM, Association for Project Management）成立于 1972 年，是英国项目管理专业机构。

4 APM 项目管理知识体系 APM BOK（APM Body of Knowledge），1992 年发布第一版，目前最新的是 2019 年发布的第七版。

5 英国政府商务部（OGC, The Office of Government Commerce）。

6 PRINCE2（PRojects IN Controlled Environments），受控环境下的项目（管理），PRINCE2 版权由英国商务部 OGC 拥有，1996 年开始全球推广。

7 国际项目管理协会（IPMA, International Project Management Association）成立于 1965 年，总部设在瑞士洛桑的国际项目管理组织，IPMA 的成员主要是各个国家的项目管理协会。

8 国际个人项目管理能力基准（ICB, Individual Competence Baseline），国际项目管理协会 IPMA 先后于 1992 年、1999 年、2006 年发布了三个版本的 ICB，2015 年发布了最新版本 ICB@4.0。

9 国际标准化组织（ISO, International Organization for Standardization）。

10 《ISO 21502:2021 项目、项目群和投资组合管理——背景和概念》（ISO 21502:2021 Project, program and portfolio management —Context and concepts），此标准将代替 2012 年发布的 ISO 21500。

11 中国（双法）项目管理研究委员会（PMRC, Project Management Research committee, China）成立于 1991 年。

12 中国项目管理知识体系（C-PMBOK, Chinese-Project Management Body of Knowledge）。

1.1.2 项目的特征

项目在规模、时间、范围与成本等维度呈现出显著的差异性特征。在人员投入上，项目既可以是个人独立完成的小型任务，也可能需要动员成千上万的人员协同作业；时间跨度上，短则数周即可完成，长则需要数年持续投入；在组织覆盖范围方面，既有企业内部单一部门主导的流程优化项目，也有跨越多个行业、地域，通过联合体与合作伙伴关系构建的跨国基建项目；而在成本投入层面，项目费用区间极为宽泛，少至不足百元，多则可达千亿人民币级别。这些显著的差异性，展现了项目类型的丰富多样性与实践的复杂性。

> 【例 1-1】：项目类型的丰富多样性：
>
> 　　规模维度：个人自媒体内容创作，仅需一人凭借电脑、手机等简单设备即可完成选题策划、拍摄剪辑与发布，而"阿波罗登月计划"则动员超 40 万科研人员、工程师及后勤保障人员，整合全球顶尖科研力量与资源，是大规模团队协作的典范。
>
> 　　时间维度：小型市场调研项目，可在 2～4 周内完成问卷设计、数据收集与报告撰写；相比之下，港珠澳大桥建设工程历经近 9 年，从前期规划、地质勘探到桥梁隧道施工，攻克重重技术难题，才最终实现通车。
>
> 　　范围维度：企业内部部门级的流程优化项目，通常仅涉及单一部门的业务调整与人员协作；而"一带一路"倡议下的跨国基建项目，涵盖交通、能源、通信等多个领域，需跨越亚、欧、非数十个国家，涉及政策对接、文化协调、技术标准统一等复杂事务。
>
> 　　成本维度：个人手工制作的文创产品，原料与工具成本可能不足百元；而长江三峡水利枢纽工程总投资超 2000 亿元人民币，涉及大坝建设、移民安置、生态保护等庞大开支，是超大型高成本项目的代表。

美国项目管理协会（PMI）的《PMBOK® 指南》认为项目具有独特性和临时性两大特征，英国的 PRINCE2 认为项目具有变革性、临时性、跨职能性、唯一性和不确定性五大特征。结合这两大机构的观点，项目的主要特征总结如下：

1. 独特性——独特的产品、服务或成果（Unique Product, Service, or Result）

项目实施目标的实现，一定是为了产生有别于一般日常事务的、独特的、符合机构战略目标的可交付成果。可交付成果可以是有形的，也可以是无形的。实现项目目标可能会产生一个或多个可交付结果。

> 【例 1-2】：有形的可交付成果：具有物质形态，能被直接观察和触摸。比如完成一个产品开发，像新款手机，能看到外观、摸到实体；开发新生产工艺，最终可体现为新的设备布局、操作规范等实体形式；基础设施建成，如桥梁、大楼，是实实在在存在的建筑。

> 无形的可交付成果：不具备物质实体形态。符合客户或市场要求的服务，如咨询公司为企业提供的战略咨询方案，是知识、建议等无形内容；机构内部管理流程改进，是对工作流程、规章制度等抽象层面的优化，没有实体形态。
>
> 独特产品，不管是部分组件、升级版等，软件应用程序及相关文件服务，既可能涉及有形载体（如存储软件的光盘），也包含无形的功能、数据等，体现了项目成果的多样性和复杂性。

独特也是项目可交付成果的一种重要特征。某些项目可交付成果中可能存在重复元素，但这种重复并不会改变项目本质上的独特性。

> 【例 1-3】：办公楼已经建造了成千上万幢，即便采用相同或相似的材料，但每一幢办公楼都是独特的，即不同的业主、不同的设计、不同的地点、不同的承建人等。
>
> 同　家婚庆公司已经筹备组织了很多场婚礼，但每一场婚礼活动都是独特的，因为不同的新人、不同的设计风格、不同的场景、不同的嘉宾和客人等。

2. 临时性——临时性工作（Temporary Endeavor）

作为一个项目，都有明确的开始和结束时间。同时，临时性也意味着项目组织的临时性，大部分项目都是由专门组建的团队负责实施，项目完成时，这个团队也就解散了。临时性并不意味项目的实施能够短期完成，有些大型项目可能会持续许多年。正因为其临时性的特征，对项目的资源投入也是有限制的。

项目的临时性也意味着项目是会终结的，其终结条件包括：项目目标的实现；不会或不能达到项目目标；不再能够获取项目资源，如资金耗尽，或无法获得所需人力物力资源；项目的需要不复存在，如客户不再要求完成项目、项目目标改变需定义新的项目、不符合机构战略目标或不能达到其商业价值，决策层不再投入等；违反法律法规等。

此外，虽然项目是临时性工作，但其可交付的产品、服务或成果可能会在项目终止后依然存在。大多数项目是为了得到持久的结果。项目还经常会产生比项目本身更久远的、事先想到或未曾预料到的社会、经济和环境后果。

> 【例 1-4】：都江堰是世界上唯一有 2000 多年历史且至今仍在发挥重要作用的古代水利工程。都江堰是人与自然和谐的水利工程的典范，它利用岷江流域的自然条件将岷江水引入成都平原，塑造了成都平原的河流水系，改善了水环境，将成都平原从旱涝无常之地变成了天府之国。都江堰水利工程，因其历史和科学价值，在 2000 年被联合国教科文组织世界遗产委员会确定为世界文化遗产。2018 年 8 月 13 日，都江堰水利工程成功通过 2018 年度世界灌溉工程遗产评选，正式列入世界灌溉工程遗产名录。

3. 不确定性——渐进明细性（Progressive Elaboration）

项目的产生和实施是机会和风险并存，因此，项目更具有不确定性。不确定性越高，意味着项目的风险越大，那么，项目成功的概率会大大降低。面对项目的不确定性，如果项目周期长，可以将项目的周期缩短，短时间内只关注能看得清的部分，随着项目的进行，项目的某些部分会逐渐变得清晰，再着手新的部分。另外，也要强调计划的重要性。不确定性越高的项目，虽然计划赶不上变化，但更应该重视项目前期的计划。因为在计划的过程中，能有效地识别风险，认清路径，并且提前研究出应对或规避风险的方案，尽量少走弯路。

4. 跨职能性——跨职能团队（Cross Functional Team）

在项目团队中，具有不同技能的人员一起工作（在临时性的基础上），这种变革会对团队以外的其他人员产生影响。项目通常涉及组织内部多个职能部门，有时候甚至会涉及几个完全不同的组织。这往往会引起组织内部与组织之间的压力与紧张。例如，对客户和供应商来说，双方对参与变革分别有不同的视角和动机。

5. 变革性——项目驱动变化（Project Drive Change）

在机构的经营活动中，由于商业经营环境、法律法规、环保、市场竞争或提升其管理水平等需求，需要实施各种项目，来提升它们的生存竞争能力。这些项目不仅仅局限于开发新产品或向客户提供服务等，同时，也包括许多改进内部组织管理能力的项目，这些项目的实施必定带来机构的变化，使它们能够提高其竞争力，更好地符合市场、法律法规，以及环境等方面的要求。

除了以上特征，美国项目管理协会 PMI 还提出项目的要素还包括创造商业价值以及启动背景。

（1）商业价值——项目创造商业价值（Project Enable Business Value）。

机构实施各种项目的目的，往往是为了创造符合其战略目标的商业价值或社会价值，它们不仅包括许多可见的价值，同时也包括许多不可见的价值或无形资产。

【例 1-5】：有形价值：新的利润或收益、股东权益、公共事业服务或设施、市场份额。无形价值：商誉、专利、品牌认知度、公共利益、战略一致性、社会名声。

（2）成因——项目启动背景（Project Initiation Context）。

机构项目的启动，往往是因为需要应对各种影响机构本身的因素，这些因素包括：法律、法规或社会的需求；相关方的要求或需求，这里相关方可能包括政府、管理层或客户等；实施或改变商业或技术战略；开发、改进、维修相关产品、流程或服务等。

通过实施这些项目，机构得以持续地运行下去，才能够达到其存在的战略目标和实现其商业价值。

1.1.3 相关概念的辨析

项目（Project）、项目集（Program）和项目组合（Portfolio）是相互联系但又有一定差异的一组相关概念。

项目集（Program）定义：一组相互关联且被协调管理的项目、子项目集和项目集活动，以便获得分别管理所无法获得的收益。

> 【Tips】：项目集（Program）不是大项目，规模特别大的项目称为"大型项目"。

项目组合（Portfolio）定义：为实现战略目标而组合在一起管理的项目、项目集、子项目组合和其他工作的集合。项目组合中的项目集或项目不一定彼此依赖或直接相关。

> 【例 1-6】：如果承办奥运会是个项目组合（Portfolio），那么体育馆建设、交通设施完善、奥运文化宣传这些项目集（Program）就是项目组合（Portfolio）的组成部分。而体育馆建设作为项目集（Program），包含很多相似的项目（Projects），如游泳馆、篮球馆、排球馆的建设等。

人类有组织的活动可以分为两种类型：

（1）连续不断、周而复始的活动，称为运作或运营（Operation），如企业的日常生产活动。

（2）临时性、一次性的活动，称为项目（Project），如企业的研发活动。

运营（Operation）定义：也叫运作或运行，是指一个组织按照一定规则正常履行其职责和实施具体业务活动的过程。

> 【例 1-7】：某互联网科技公司受委托，为一家大型连锁超市量身打造线上会员管理及营销系统。搭建该系统包括需求调研、系统开发、测试上线等环节，有清晰的启动时间与预计交付时间，这是一次性的工作任务，属于项目。
>
> 与此同时，公司日常还开展诸多业务活动。如技术团队持续对公司自研的通用办公软件进行日常维护与小版本迭代升级，以修复漏洞、优化性能；市场部门不断拓展新客户资源，持续进行品牌推广活动，维护与合作渠道的关系；客服团队每天处理来自不同客户针对公司各类产品的咨询、投诉与建议。这些工作没有明确的结束日期，是公司持续运营的必要组成部分，属于运作/运营，并非项目。

日常运作（Operation）与项目（Project）存在诸多共性特征：两者均需由人主导实施，均受限于有限资源，且均需经过规划、执行与控制的管理流程。尽管二者存在相似之处，但仍存在显著差异，清晰区分这些差异对于科学管理具有重要意义。

两者的核心区别主要体现在 3 个维度：从属性特征看，项目具有临时性、独特性和渐进明细的特点，而日常运作呈现出持续性、重复性与标准化的特征；从目标导向看，项目以达成特定目标为终点，目标实现后项目即宣告结束，日常运作则旨在维持组织的持续经营，通过不断设定新目标实现循环发展；从本质属性看，项目因目标达成而终止，具有明确的生命周期边界，日常运作则在动态目标迭代中保持持续运行。项目和运作的区别如表 1-2 所示。

表 1-2　项目与运作的区别

指标	对象	
	项目（Project）	运作/运营（Operation）
特性	一次性（Temporary）	重复性（Repetitive）
时间	有明确的开始和结束时间	相对而言无时间限制或界限
组织特征	临时性的组织	稳定的组织
环境特征	环境柔性易变	环境稳定
资源需求	资源需求多变	资源需求稳定
管理方法	运用事先制订的计划来指导	运用标准化的作业指导书来指导
风险特征	风险不确定	风险相对稳定
考核指标	效果性（Effectiveness）	效率性（Efficiency）

【Tips】：在管理学范畴中，效率（Efficiency）聚焦于目标执行的进程，效果（Effectiveness）则将关注点落在最终成果上。现代管理学之父彼得·德鲁克（Peter F. Drucker）曾精准地表述：效率关乎正确地做事，效果则是做正确的事（Efficiency is doing things right, effectiveness is doing the right things）。管理的本质，在于促使组织在运营过程中，既能保障执行过程具备高效性，又能确保最终收获良好的成效，实现效率与效果的有机统一。

【例 1-8】：项目物流（Project Logistics）作为物流领域的专业化分支，是围绕特定项目需求所开展的一系列定制化物流服务的集合。这类物流服务聚焦于工程项目、大件运输、工厂搬迁等特殊场景，针对不同类型项目，其运作模式、技术应用与组织管理均呈现显著差异。例如，工程项目物流需统筹大型设备运输、现场仓储及安装衔接；大件项目物流则着重解决超限货物的特种运输与吊装难题；工厂搬迁项目物流更强调设备拆卸、运输、重新组装的全流程协同。

由于项目物流的运作往往具有一次性、不可重复性和高风险性等特点，其经营管理过程区别于常规物流业务，需要结合项目特性进行创新性设计与实施。无论是运输路线规划、特殊装备调配，还是多环节协同管理，都要求项目物流团队具备敏锐的问题解决能力和创新思维，以确保物流服务高效匹配项目需求，保障项目顺利推进。

项目与运营会在产品生命周期的不同时点交叉或重叠。在每个交叉点，可交付成果（Deliverable）及知识在项目与运营之间转移，以完成工作交接。在这一过程中，将转移项目资源或知识到运营中，或转移运营资源到项目中。

1.2 项目成功的标准

项目成功对于组织和项目相关方具有重要意义。成功的项目不仅可以实现预期的目标，还能为组织创造价值、实现战略目标、提高客户满意度等。美国项目管理协会（PMI）对项目成功的定义，是指在计划的范围、时间和项目成本内完成项目。此定义中，评估和针对的仅是最终效果，而没有将项目管理方式和效果作为整个活动不可分割的部分进行评估。因此，成功的项目管理不等同于项目成功。

成功的项目能够推进组织发展方向，促进战略目标的达成，同时能够满足客户的需求和期望，提高客户满意度，从而增强组织的信誉，为未来的项目提供更多的机会和资源。

在项目管理领域，范围、进度和成本被视为三大核心约束因素，常被称作三重约束（Triple Constraint），或项目管理铁三角（the Iron Triangle），如图 1-1 所示。

范围、进度和成本是项目的 3 个主要约束因素，通常被称为三重约束（Triple Constraint），或者项目管理铁三角（the Iron Triangle），如图 1-1 所示。

（1）范围约束：项目的范围定义了特定目标、可交付成果、特性和功能以及完成项目所需的任务。

（2）时间/进度约束：时间约束是指项目的完成时间表，包括项目每个阶段的截止日期，以及最终可交付成果推出的日期。

（3）成本约束：项目的成本通常被称为项目预算，包括在预定范围内按时完成项目所需的财务资源。

这三者相互关联、相互影响，共同决定着项目的走向与成败。

【例 1-9】：增加项目的范围可能需要更多的时间和金钱，加快项目的进度可能会降低成本，但也会缩小范围。而项目的质量取决于时间、成本与范围。

【Tips】：在项目管理的发展进程中，早期的核心管理框架以"进度、成本和质量"构成的三重约束为基石。这一理念强调项目需在既定时间内，以可控成本达成预期的质量标准，三者相互制衡、协同作用，成为项目管理实践中的基础准则。

随着项目管理理论与实践的持续深化，三重约束概念逐步迭代为"范围、进度和成本"。这一转变并非对质量要素的忽视，而是赋予其更为核心的地位——质量不再作为独立维度与进度、成本并列，而是贯穿于范围界定、进度规划和成本控制的全过程，如同黏合剂般嵌入"范围-进度-成本"铁三角的架构之中。项目范围的精准定义、进度的科学编排、成本的合理预算，都需以质量要求为标尺，确保项目交付物在既定范围内，按时、经济且高质量地达成目标。这种演变体现了项目管理思维从单一维度管控向系统化、集成化管理的跃升，更契合现代复杂项目的管理需求。

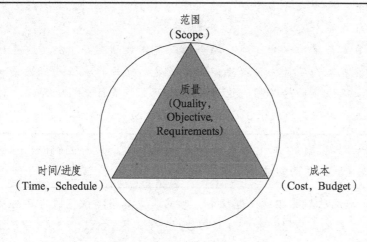

图 1-1　制约项目成功的因素

项目成功的标准，或者项目的目标，主要包括四个因素：范围、进度、成本、质量。后来认为除了这四大因素外，项目成功有多重制约因素，还要在考虑风险的前提下，让项目利益相关方满意。聚焦目标从质量变为了项目相关方（Stakeholders）的满意程度。项目成功可能涉及与组织战略和业务成果交付有关的其他标准。为了取得项目成功，项目团队必须能够正确评估项目状况，平衡项目要求，并与相关方保持积极主动的沟通。

【Tips】：项目的范围、进度、成本和质量这四个维度紧密相连，既相互依存又相互竞争。值得注意的是，这四大维度并无天然的优先级排序，具体项目上的优先顺序由高级管理层决定。

以大型活动筹备项目为例，如奥运会等国际性赛事，一旦举办日期对外公布，整个项目体系便形成了刚性时间约束。在此情境下，进度管理跃升为项目成败的决定性因素。任何工期延误都将直接导致项目失败，不仅造成巨额经济损失，还会严重损害主办城市乃至国家的国际声誉。这种情况下，高级管理层通常会将"进度"置于优先地位，甚至允许在一定程度上调整范围、增加成本或适度放宽质量标准，以确保项目按期交付。

【扩展资料 1-1】：项目利益相关者（Stakeholders）是指对项目开展及其目标实现产生影响，或受项目实施过程与成果影响的个人或群体。Stakeholder 一词最早由斯坦福研究院（Stanford Research Institute）于 20 世纪 60 年代提出，随后在 20 世纪 80 年代，利益相关者理论（Stakeholders Theory）得以逐步完善和发展，如今已广泛应用于社会和商业等多个领域。在《PMBOK@指南》（第六版）中，该术语被译为"项目相关方"。

随着项目复杂度的提升，涉及的个人或群体数量显著增加。这些利益相关者与项目之间存在双向互动关系：他们既可能受到项目的积极或消极影响，也能够对项目产生正面或负面的作用。这种相互作用贯穿项目全生命周期，因此识别和管理利益相关者的期望与诉求，成为保障项目成功的关键环节。

在《PMBOK® 指南》（第七版）中，对于项目成功度量的指标有了新的解释，价值（Value）才是项目成功的最终度量指标。

【例 1-10】：悉尼歌剧院在建设进程中，时间、成本与建设范围均远超初始规划。原本计划 4 年完成，从 1959 年动工到 1973 年正式开放，实际工期长达 14 年之久。工程预算 700 万美元，实际费用超 1 亿美元。设计方案不断调整完善，结构复杂性远超想象，施工难度剧增。若依据传统项目成功标准来评判，悉尼歌剧院难以达标。但悉尼歌剧院以其独特贝壳状屋顶造型，成为建筑与工程学的不朽杰作。作为世界闻名的地标，更是澳大利亚的代名词。如此看来，又怎能断言它不是一个成功的项目呢？

1.3 项目管理概述

1.3.1 项目管理的定义

项目管理是以项目为对象的系统管理方法，是通过一个临时性的专门的柔性组织，对项目进行高效率的计划、组织、指导和控制，以实现项目全过程的动态管理和项目目标的综合协调与优化的过程。

项目管理贯穿于项目的整个生命周期，它是一种运用既有规律又经济的方法对项目进行高效率的计划、组织、指导和控制的手段，并在时间、费用和技术效果上达到预定目标。

国外不同的组织和机构对项目管理（PM, Project Management）的定义角度各有不同，其中代表性的定义如表1-3所示。

表1-3　国内外不同机构对项目管理的定义

组织	指南	定义	说明
美国项目管理协会（PMI）	项目管理知识体系指南（PMBOK®指南）	项目管理就是将知识、技能、工具与技术应用于项目活动，以满足项目的需求。项目管理通过合理运用与整合特定项目所需的项目管理过程得以实现	重点解决"做什么"的问题，以知识域为导向
英国项目管理协会（APM）	APMBOK	项目管理是一种通过应用知识、技能、工具和技术，以及项目管理过程，来实现项目目标的活动	注重实现目标
英国商务部（OGC）	受控环境下的项目管理（PRINCE2）	项目管理是对项目的各个方面和利益相关方的动机进行计划、授权、监督和控制，从而在预期的时间、成本、质量、范围、收益与风险等各项绩效指标范围内，实现项目的目标	重点解决"怎么做"的问题，以流程为导向
国际项目管理协会（IPMA）	国际个人项目管理能力基准（ICB@4.0）	为了实现目标而将一系列的方法、工具、技术和能力应用到项目中，并对项目生命周期中不同阶段进行整合	注重实践

总的来说，项目管理就是在有限的资源约束下，运用系统的观念、方法和理论，将各种知识、技能、手段、技术应用到项目中，以满足客户的要求和期望，对项目开始到结束的全过程进行计划、组织、协调、控制和评价，以实现项目的目标。

【Tips】：项目管理是对变化的管理，是变理想为现实，化抽象为具体的一门科学和艺术。项目管理是一门学科、专业、职业，也是一种理念和方法。

好的项目管理有助于项目的成功实现，但并不能彻底避免项目的失败。或者用一个更加常用的比喻"手术很成功，但病人却死了"。

项目管理（Project Management）与项目集管理（Program Management）、项目组合管理（Portfolio Management）、组织级项目管理（OPM, Organizational Project Management）、运营管理的含义不同，主要区别如表1-4所示。

项目集管理（Program Management）：指在项目集（Program）中应用知识、技能和原则来实现项目集（Program）的目标，获得分别管理项目集（Program）无法实现的利益和控制。

项目组合管理（Portfolio Management）：指为了实现战略目标而对一个或多个项

目组合（Portfolio）进行的集中管理。要实现项目组合（Portfolio）价值的最大化，需要精心检查项目组合（Portfolio）的组成部分。

组织级项目管理（OPM，Organizational Project Management）：指为实现组织战略目标而整合项目组合（Portfolio）、项目集（Program）和项目（Project）管理与组织驱动因素的框架。

运营管理（Operations Management）：指对运营过程的计划、组织、实施和控制，是与产品生产和服务创造密切相关的各项管理工作的总称。

【Tips】：对项目、项目集以及项目组合一系列的项目管理活动，我们就称为项目、项目集以及项目组合管理；他们都需要服务于组织战略，于是，可以认为：

战略目标＞组织级项目管理＞项目组合管理＞项目集管理＞项目管理

表1-4 组织级项目管理、项目组合管理、项目集管理、项目管理和运营管理的主要区别

项目类型	组织级项目管理	项目组合管理	项目集管理	项目管理	运营管理
内容	明确组织的战略目标，确保组织开展正确的项目并合适地分配关键资源	为实现战略目标确定项目组合中组成部分的优先顺序	注重项目与项目，以及项目与项目集之间的依赖关系，并确定管理这些项目的最佳方法	注重项目内部的相互依赖关系，并确定管理项目的最佳方法	关注产品的持续生产和（或）服务的持续运作
目的	确保组织的方向正确	确保做一系列正确的项目，实现项目组合价值的最大化	确保获得比单个项目效益之和更大的效益	确保做出符合范围、进度、成本、质量要求，并让客户满意的成果	保证业务运作的持续高效
变更	主动追求变更，调整战略方向和目标	主动追求变更，调整项目组合的组成部分	必要时对项目集内容做变更，扩大项目集效益	为配合项目集而变更，或为实现项目目标而变更	按标准化流程开展生产或服务，无须变更

【扩展资料 1-2】：生产（Production 或 Manufacturing）的概念与过去有很大的不同。不仅仅指有形产品的制造，同时包括无形产品——服务的提供。凡是有投入（Input）——转换（Transformation）——产出（Output）的组织活动都纳入生产管理（Operation Management）研究范围，不仅包括工业制造企业，而且包括了服务企业、社会公益组织及政府机构。因此，生产管理（Operation Management）演变到生产与运营管理（Production and Operations Management），或统称为运营管理（Operations Management）。运营管理是现代企业管理科学中最活跃的一个分支。

1.3.2　项目管理的产生与发展

从人类开始有组织地活动，就一直执行着各种规模的"项目"。小到修理一个水龙头、开发一个新软件，大到长城的修建、埃及金字塔的建造等，这些都是一个个"项目"。小型项目很少有人去有意识地来控制和管理，但随着现代项目规模越来越大，投资越来越高，涉及专业越来越广泛，项目内部关系越来越复杂，传统的管理模式已经不能满足运作好一个项目的需要，于是产生了对项目进行管理的模式，并逐步发展成为主要的管理手段之一。项目管理的发展阶段如表 1-5 所示。

表 1-5　项目管理的发展阶段

发展阶段	时间	代表性项目	标志性成果
古代经验项目管理	远古—1930	中国长城、埃及金字塔、罗马的尼姆水道等伟大的工程	甘特图（Gantt Chart）、里程碑（Milestone）
传统项目管理	1930—1980	美国曼哈顿原子弹计划、美国海军北极星导弹项目、阿波罗登月计划	关键路径法（CPM）计划评审技术（PERT）
现代项目管理	1980—2000	从国防军工项目拓展到电子、通信、计算机、软件开发、建筑业、制药业、金融业等行业以及一般政府机关和社会团体；开始在大学设立正式的项目管理学位课程	PMI 出版《项目管理知识体系指南（PMBOK®指南）》
智慧项目管理	2000 年至今	在大数据、云计算、5G 和人工智能等数字化技术驱动下的项目管理革命	发布第 7 版《项目管理知识体系指南（PMBOK®指南）》

1. 古代经验项目管理

20 世纪 30 年代以前，项目都是依靠能人巧匠的经验来管理的。受当时科学技术水平和人们认知能力的限制，这个阶段的项目管理是经验的、不系统的，还算不上是真正意义上的项目管理。在经验管理阶段，项目的成功更多依赖于项目管理者个体的经验和处理问题的能力。

【扩展资料 1-3】：古代经验式项目管理阶段的标志性事件：1917 年，亨利·劳伦斯·甘特（Henry Laurence Gantt）发明了著名的甘特图，旨在为作业排序。甘特图使用横轴和纵轴分别表示时间和项目，通过线条表示计划和实际完成情况，方便评估工作进度，直观而有效，便于监督和控制项目的进展状况，时至今日仍是项目管理尤其是建筑项目管理的常用方法。20 世纪 30 年代，提出了里程碑（Milestone）概念并开始应用。项目中重要的时间点或事件被称为里程碑。

2. 近代传统项目管理

近代项目管理的萌芽，源于 20 世纪 40 年代，在第二次世界大战期间，项目管理主要应用于国防和军工领域。项目管理也被誉为美国军方对当代管理科学的 13 项贡献之一。这个时期，发明了关键路线法（Critical Path Method，CPM）和计划评审技术（Program Evaluation and Review Technique，PERT），统称为网络计划技术，该技术被认为是项目管理的起点。这个阶段由"经验化"向"科学化"的转变，可以视为项目管理学科发展的真正起点。

这个时期还成立了项目管理的专业组织。1965 年，国际项目管理协会 IPMA 在欧洲瑞士成立。1969 年，美国项目管理协会 PMI 在美国宾州成立。从 20 世纪 70 年代开始，项目管理逐步发展成为具有自身特色的专业学科。

【扩展资料 1-4】：曼哈顿计划（Manhattan Project）是科学界公认的第一个全面应用项目管理理念和技术的大型项目。为了先于德国制造出原子弹，美国军方启动了该计划，集中了当时西方国家（除德国外）最优秀的核科学家，动员了 10 万多人参加这一工程，历时 3 年，耗资 20 亿美元。1945 年 7 月 16 日成功地进行了世界上第一次核爆炸，并按计划制造出两颗实用的原子弹。

1956 年，关键路径法（CPM）由美国杜邦公司（Du Pont）的主要负责人 Morgan Walker 和雷明顿兰德公司（Remington Rand）的数学家 James E. Kelly 联合研发，旨在减少工期的同时控制费用与成本。1959 年，Kelly 和 Walker 共同发表了论文《关键路径规划和调度》（Critical Path Planning and Scheduling）。这篇长达 25 页的论文，阐述了关键路径法的基本原理，提出了资源分配与平衡、费用计划的方法。我们今天所使用方法的原理，与 Kelly 和 Walker 在论文中提出的方法原则上相同。

1958 年，美国海军着手研制导弹核潜艇，该计划被命名为"北极星计划（Polaris Program）"。在计划推进过程中，美国海军发明了计划评审技术（PERT），将工期缩短了接近 2 年的时间。计划评审技术（PERT）适用于大规模开发研究项目中存在大量不确定因素的情况。20 世纪 60 年代，耗资巨大，涉及范围甚广的阿波罗登月计划也是运用计划评审技术进行计划和管理的。

---

3. 现代项目管理

20 世纪 80 年代是传统项目管理和现代项目管理的分水岭。自 1980 年之后，美国、英国和澳大利亚等国家先后开始在大学设立正式的项目管理学位课程，项目管理开始逐步规范化和系统化。项目管理的应用也从传统的军事、航天逐渐拓广到建筑、石化、电力、水利等各个行业，项目管理成为政府和大企业日常管理的重要工具。

【扩展资料 1-5】：现代项目管理阶段的标志性事件：

1987 年，PMI 公布了项目管理知识体系（PMBOK）的第 1 版草稿。

1992 年，英国项目管理协会出版了欧洲版的项目管理知识体系《APM 知识体系》。

1996 年，PMI 发布项目管理知识体系 PMBOK 第 1 版。

1996 年，澳大利亚项目管理协会出版了世界上第一本项目管理能力标准，即《项目管理能力国家标准》。

1997 年，ISO 以 PMBOK 为框架颁布了 ISO 10006 项目管理质量标准。

1998 年，IPMA 正式推出 ICB《国际项目管理专业资质标准》。

1999 年，IPMA 发布了《IPMA 能力基线》。

同时，随着信息技术的飞速发展，现代项目管理的知识体系日益完善，相关职业逐渐成形。近几年来，随着国际、国内形势的发展，项目管理的组织形式已经为企业组织的发展提供了一种新的扩展形式，21 世纪企业的生产与运作将更多地采用以项目为主的发展模式。

【Tips】：当代项目管理发展之快已超过了我们的想象，美国《财富》杂志预言，项目管理将是 21 世纪的首选职业。项目管理的发展也呈现出了全球化、多元化以及专业化的特点。随之而来的就是考证热、培训热和软件热。新的时代，新的机遇，项目管理已经成为职场必备的知识体系。

4. 智慧项目管理

随着互联网、大数据、AI 等技术的兴起，业务的复杂性和多样性都在增加。这些变化不仅影响了商业模式，也改变了项目管理的方法和要求。客户的需求变得更加多样化，市场也更加活跃。项目管理的逻辑也因此发生了变化。所谓项目，不再仅仅是按部就班的传统项目，更多的是需要快速交付的新兴项目。人们意识到过去的项目管理的线性思维不再适用，需要从预见性往适应性转变。VUCA（Volatility, Uncertainty, Complexity, Ambiguity）时代，更需要改变项目管理一贯强调的遵循计划和范围明确，要主动去响应变化，甚至引领变革，帮助组织增强适应性。在人工智能、云计算、大数据和其他技术进步驱动下，项目管理也将趋向于敏捷项目管理，并进一步地向数字化、智能化方向转变和发展。

智慧项目管理可以认为是现代项目管理的高级阶段，以信息技术为基础，向客户提供个性化、智慧化的服务。智慧项目管理不仅指管理工具的智能化升级，还是管理理念的革新，从项目管理单一模块逐渐向多模块乃至全功能模块转变，向垂直方向和高精尖方向发展，项目管理公司在各自擅长领域开展纵向积累、资源整合及经验积累和专业提升，从而具有某类项目竞争性的交付能力，为客户提供全过程智慧交付。

【Tips】：2021 年 8 月发布的《PMBOK®指南》（第 7 版）与之前版本相比，无论是结构还是实际内容均发生了较大变化，反映了新时代环境转变下项目管理的新内涵和发展趋势。新版指南更加注重实践和应用，而不是仅仅列举知识和技能。它强调项目管理的价值导向，更加关注项目的交付成果和客户满意度。同时，第 7 版还加入了许多新的工具和技术，为项目管理人员提供了更多的选择。

中国的项目管理起源于 20 世纪 60 年代，著名数学家华罗庚从国外引进的"统筹法"是中国项目管理发展的第一个里程碑。20 世纪 80 年代初云南鲁布革水电站是我国第一个聘用外国专家采用国际标准应用项目管理进行建设的水电工程项目，是中国项目管理发展的第二个里程碑。在二滩水电站、三峡水利枢纽建设和其他大型工程建设中，都采用了项目管理。

【例 1-11】：项目管理是一门实践科学，基于实践的智慧是项目管理知识创新的重要源泉，因此案例研究，尤其是多案例研究是发展项目管理新理论的重要途径。

随着 VUCA 时代的日益常态化，快速反应项目是危机管理的一种手段。2023 年，我国学者和国外学者合作，以我国 3 个应急医院建设项目为案例，提出工期超快的一类项目——闪电项目（Blitz Projects），并构建了极限进度管理的战略框架，为项目管理理论做出了贡献。

资料来源：Li Y K, Chi H, RADUJKOVIC M, et al. Extreme Schedule Strategies for Blitz Projects: Lessons from Specialty Field Hospitals During the COVID-19 Pandemic[J]. Project Management Journal, 2023:1-18.

1.3.3　项目管理的目标

在项目管理的发展过程中，项目管理的目标也在发生变化，如图 1-2 所示。

（1）古代经验项目管理阶段。早期的项目管理实践阶段，项目管理仅仅是一项活动，主要目标在于完成任务即可，还没有形成行之有效的计划、方法和管理工具。

（2）传统项目管理阶段。随着实践的深入和理论的发展，传统项目管理逐渐演变为一种帮助组织者和管理者满足三重约束的管理方法。

（3）现代项目管理阶段。到了 20 世纪 80 年代后期，瞬息万变的市场环境对项目管理提出了新的挑战，对变化的管理成为关注的重点。现代项目管理由以目标为导向的系统管理方法转为面向对象变化的管理方法论。项目管理的目标就是在规定的时间内，在批准的预算内，按照预期的质量性能要求，完成事先确定的工作范围内的工作。从项目管理的目标中不难发现，项目管理知识体系中的 4 个重要内容分别是项目范围管理、项目进度管理、项目成本管理和项目质量管理。为适应环境变化要求，现代项目管理逐渐发展成为了一种任务、结果或目标导向的变化管理方法论。现代项目管理已然成为一门学科，终极目标是让项目相关方（Stakeholders）满意。项目相关方通常包括项目所有者、分承包商、顾客、项目经理、项目团队、合伙人、投资者、政府机构、社会公众、民间团体等。

【例 1-12】：管理学意义上的利益相关方是组织外部环境中受组织决策和行动影响的任何相关方。例如，拍摄一部电影，相关方包括电影的制片方、发行方、院线、影院，还有导演、演员、影评人和观众。电影导演表面是为了完成电影拍摄的任务，实际上是为了满足各方需求，让投资人赚钱，让拍摄团队获益，让观众叫好！

（4）智慧项目管理阶段。未来，企业将面临更加快速、复杂、不确定的环境，企业需要主动地面对不确定性，驾驭不确定性。项目管理的角色也将从变化管理转移到主动驾驭不确定性，如何制定战略应对市场变化，如何创新业务模式，如何领导团队应对不确定性等，都将成为未来项目管理的重点。

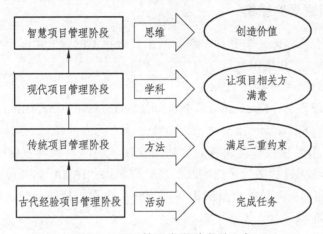

图 1-2　项目管理发展阶段的目标

项目具有驱动组织变革，为组织创造商业价值的特性。良好的项目管理实践不仅有助于创造价值，提出有效的策略，还能够帮助组织提高竞争力。高质效的项目管理是组织的一种战略能力。在《PMBOK® 指南》（第七版）中，项目管理的目标是成功地交付项目成果进而实现收益并获取价值。这也给项目管理人提供了新的工作原则，其中之一的"价值原则"就是指项目管理人的工作重点要从可交付物的实现，向关注收益和价值维度转变。这一转变就跟组织的追求是保持一致的，项目管理人应更多地考虑"做什么"和"为什么做"，与组织战略和价值目标保持一致。

【扩展资料 1-6】：未来项目管理的发展趋势。

由英国伦敦大学学院（UCL）、英国项目管理协会（APM）与全球顶尖工程咨询公司奥雅纳（ARUP）联合发布的《项目管理的未来（Future of Project Management）》研究报告，通过深度剖析全球各领域标杆项目案例，系统性覆盖项目全生命周期管理实践，提出项目管理未来发展的 7 大核心趋势：

（1）全球化和虚拟团队（Globalization and Virtual Teams）：全球化要求员工能在千里之外高效分工协作；（2）开放的创新文化（Open Innovation Culture）：创新文化逐步开放并得到共享；（3）劳动力趋于多元化（Diversity of Workforce）：职业匹配越来越高效和精准；（4）零工经济（Gig Economy）：自由职业和自由办公涌现；（5）变换的公司文化（Changing Corporate Culture）：公司文化变得更加灵活；（6）自动化和人机协同（Automation and Human-Machine Collaboration）：AI 人工智能的引入；（7）数字化施工和项目复杂性（Digital Construction and Project Complexity）。

1.4 项目管理的知识体系

1.4.1 项目管理的组织

目前，全球有很多的项目管理组织，其中较为权威的两家国际组织分别是国际项目管理协会（IPMA）和美国项目管理协会（PMI）。

1. 国际项目管理协会（IPMA）

国际项目管理协会（International Project Management Association，IPMA），成立于 1965 年，总部位于瑞士，是全球范围内最早成立的专业项目管理组织之一。IPMA 的成立旨在促进国际项目管理领域的合作与交流，为项目经理提供一个全球性的平台，以分享和交流项目管理的最佳实践、经验和知识。IPMA 的成员组织来自世界各地近 70 个国家和地区。这些成员组织通过 IPMA 平台，能够参与国际性的项目管理倡议、研究和标准制定。

国际项目经理资质认证（International Project Manager Professional，IPMP）是国际项目管理协会（IPMA）在全球推行的四级项目管理专业资质认证体系（IPMA Four Level Certification）的总称，具有广泛的国际认可度和专业权威性，代表了当今项目管理资格认证的最高国际水平。除此之外，IPMA 通过多种方式促进知识的分享和交流，还发布国际项目管理领域的刊物和杂志，其中 *International Journal of Project Management* 是其正式会刊。同时，IPMA 致力于推动国际项目管理标准的制定和推广。它的目标是确保项目管理方法和标准在全球范围内得到广泛应用，从而提高项目交付的质量和效率。IPMA 每年颁发国际项目管理奖项，以表彰在项目管理领域取得卓越成就的组织和个人。这些奖项旨在鼓励和推动项目管理的最佳实践。IPMA 作为国际项目管理领域的重要组织，致力于促进项目管理专业知识的传播和国际合作，为项目经理和组织提供了宝贵的资源和支持，有助于提高项目管理的水平和效果。

2. 美国项目管理协会（PMI）

美国项目管理协会（Project Management Institute，PMI）作为全球性的非营利性组织，致力于推动项目管理领域的发展和提高项目管理专业人员的素质。PMI 在全球范围内开展工作，其会员遍布世界各地，包括项目管理从业人员、项目经理、学者和组织。PMI 的国际性存在使得它能够为全球项目管理社区提供支持和资源。

PMI 发布了一系列的项目管理标准，其中最著名的是《项目管理知识体系指南》，简称《PMBOK® 指南》，它被广泛认可为项目管理领域的权威参考资料。这些标准有助于确保项目管理的一致性和质量。同时，PMI 提供一系列的项目管理认证，其中最知名的是项目管理专业（Project Management Professional，PMP）认证。这些认证帮助项目管理从业者提升其职业地位，证明其在项目管理领域所具有的专业知识和技能。

PMI 积极支持项目管理领域的学术研究，并鼓励创新和最佳实践的发展。PMI 与学术界合作，促进项目管理教育的发展。它组织了各种会议、研讨会和活动，并组建网络社区，让项目管理从业者能够分享经验、建立联系并持续学习，也为项目管理专业人士提供了一个交流和学习的平台。PMI 通过提供培训、教育和职业发展机会，支持项目管理从业者的职业成长和发展。同时，提供了大量的项目管理资源和工具，包括模板、指南、工作坊、案例等，以帮助项目管理专业人员更好地执行项目。

事实上，PMI 在项目管理领域发挥着重要的作用，通过制定标准、提供认证、支持学术研究和促进专业发展，有力地推动了项目管理领域的成熟和发展，使得项目管理成为了全球范围内的重要职业和行业。

> 【Tips】：国际项目管理协会（IPMA，1965）是以欧洲为首的实践注重型体系机构；美国项目管理协会（PMI，1969）是以美国为首的知识注重型体系机构。

1.4.2　项目管理知识体系指南（PMBOK® 指南）

项目管理知识体系指南（PMBOK，Project Management Body of Knowledge）是由美国项目管理协会（PMI）制定的一份全球性标准，旨在总结和归纳项目管理领域的最佳实践、方法和方法论。PMBOK 提供了一个系统化的框架，帮助项目经理和从业人员在项目的不同阶段和各个领域中更有效地执行和管理项目。

PMBOK® 指南包括了项目管理的 5 大过程组：启动、规划、执行、监控与控制、收尾；10 个项目管理知识领域：整合管理、范围管理、时间管理、成本管理、质量管理、人力资源管理、沟通管理、风险管理、采购管理、相关方管理。每个知识领域都包含了相关的流程和最佳实践，以帮助项目管理人员有效地规划、执行和交付项目。

（1）整合管理：就像串联项链的那根线，包括对隶属于项目管理过程组的各种过程和项目管理活动进行识别、定义、组合、统一和协调的各个过程。项目整合管理包含资源分配、平衡需求、研究各种备选方法、为实现项目目标而裁剪过程、管理各个项目管理知识领域之间的依赖关系。

【Tips】：项目整合管理：一个字概括"搞"，搞人脉、搞关系、搞资源、搞工作。

（2）范围管理：保证项目只做该做的事情，主要是规划范围管理、收集需求、定义范围、创建工作分解结构（WBS）、确认范围，其中，控制范围包括确保做且只做项目所需的全部工作，以成功完成项目的各个过程。

【Tips】：项目范围管理：两个字概括为"取舍"，哪些该做就"取"，哪些不该做就"舍"。

（3）进度管理：保证一切按照预定好的时间进行，主要包括规划进度管理、定义活动、排列活动顺序、估算活动资源、估算活动持续时间、制订进度计划、控制进度。项目进度管理概括为管理项目按时完成所需的各个过程，让一切按既定的进度进行。

【Tips】：项目进度管理：两个字概括为"快慢"，保持节奏是进度管理的关键。

（4）成本管理：算准钱和花好钱，主要包括规划成本管理、估算成本、制定预算、控制成本，包括为使项目在批准的预算内完成而对成本进行规划、估算、预算、融资、筹资、管理和控制的各个过程，从而确保项目在批准的预算内完工。

【Tips】：项目成本管理：两个字概括为"俭奢"，平衡成本和预算，不过度节约、不浪费最好。

（5）质量管理：满足需求，包括规划质量管理、实施质量保证、控制质量，即把组织的质量政策应用于规划、管理、控制项目和产品质量要求，以满足相关方目标的各个过程。其目的是满足需求。

【Tips】：项目质量管理：两个字概括为"好坏"，范围解决了有无，质量解决了有之后的好坏。

（6）资源管理：让资源不浪费地使用，包括规划人力资源管理、组建团队、建设团队、管理团队。项目资源管理包括识别、获取和管理所需资源以成功完成项目的各个过程，这些过程有助于确保项目经理和项目团队在正确的时间和地点使用正确的资源。让团队成员高效率地和你一起干。

【Tips】：项目资源管理：两个字概括为"仁责"，搞好团队关系和气氛是"仁"，强调角色、分工是"责"。

（7）沟通管理：在合适的时间让合适的人通过合适的方式把合适的信息传达给合适的人，包括规划沟通管理、管理沟通、控制沟通。项目沟通管理包括通过开发工件，以及执行用于有效交换信息的各种活动，来确保项目及其相关方的信息需求得以满足的各个过程。

【Tips】：项目沟通管理：两个字概括为"听说"，沟通的关键是倾听，然后才是说教。

（8）风险管理：从项目开始就"没事找事"，一直到后期"越来越没事"。项目风险管理包括规划风险管理、识别风险、开展风险分析、规划风险应对、实施风险应对和监督风险的各个过程。"无事找事"，从而让项目"无险事"。

【Tips】：项目风险管理：两个字概括为"利弊"，整个项目过程要权衡利弊，管控风险。

（9）采购管理：扮演好自己甲方的角色，包括实施采购、控制采购、结束采购，即从项目团队外部采购或获取所需产品、服务或成果的各个过程。

【Tips】：项目采购管理：两个字概括为"买卖"，项目经理要有生意头脑，做好采购这笔买卖。

（10）相关方管理：识别所有项目相关方（干系人）并令他们满意，包括识别相关方、规划相关方参与、管理相关方参与、控制相关方参与。项目相关方管理的核心在于综合平衡各个相关方的利益需求，为其创造价值。

【Tips】：项目相关方管理：两个字概括为"神佛"，要"求"要"拜"，要敬重，有的时候还要利用。

项目管理专业认证体系是一种通过评估项目管理从业人员的知识、技能、经验和能力来认可其在项目管理领域的专业水平的体系。这些认证旨在确保项目管理人员具备在不同项目环境下有效规划、执行和交付项目的能力，从而提高项目管理的质量和效率。项目管理专业认证体系通常由国际性的专业机构或组织管理和颁发，以PMBOK®指南为知识体系的是项目管理专业人士资格认证 PMP。项目管理的三大知名专业认证体系的认证机构和特点如表 1-6 所示。

这些认证体系通过严格的评估和考试，帮助项目管理人员提升他们的专业水平，增加在职场上的竞争力，并为雇主提供了对员工能力的可靠保证。认证持有人通常会展示出对项目管理领域最新发展的了解，并能够应对不同类型项目的挑战。

表 1-6　项目管理三大专业认证体系

认证	机构	引入机构	知识体系	特点
项目管理专业人士资格认证 PMP[1]	美国项目管理协会（PMI）组织的认证	中国国际人才交流基金会	项目管理知识体系指南（PMBOK®指南），约四年更新一次	强调项目管理的知识体系，分为 5 大过程、10 大知识领域、47 个子过程

---

1 Project Management Professional

续表

认证	机构	引入机构	知识体系	特点
国际项目经理资质认证IPMP[1]	总部位于瑞典的国际项目管理协会 IPMA 的资质认证	中国项目管理研究委员	国际项目管理专业资质认证标准ICB	强调项目经理人应该具备的知识与技能，分4个阶段，7类资质，共计60项评价要素
受控环境下的项目管理PRINCE2	英国政府商务部（OGC）授权 APMP 实施的项目管理专业认证	APMG 中国	受控环境下的项目管理 PRINCE2	强调项目在具体的环境中如何应对，分为 7 个主题、7 个原则、7 个流程和 4 层组织

  总的来说，PMBOK® 指南为项目管理提供了标准和方法，而项目管理专业认证体系则通过认证项目管理人员的能力，确保他们具备执行项目的必备技能。二者共同推动了项目管理领域的发展，有助于提高项目管理的质量和效率。

思考题

  1. 为什么项目管理起源于大型国防、军工领域？

  2. 项目和日常运营的区别是什么？

  3. 项目成功的标准是什么？项目满足三重约束是否就可以认为是成功项目？能否举出反例？

  4. 项目管理主要经历了哪几个发展阶段？每个阶段的标志性成果是什么？

  5. 未来项目管理的发展趋势是什么？

---

1 International Project Manager Professional，是在全球推行的四级项目管理专业资质认证体系（IPMA Four Level Certification）的总称

第2章 项目过程与项目管理过程

本章主要介绍项目生命周期和项目管理过程，包括什么是项目生命周期，其内容和特性等，以及项目管理过程的构成，各过程组之间的联系和要点。

项目由两个过程构成：一是项目的实现过程，二是项目的管理过程。现代项目管理将整个项目的全部工作看成是由一系列项目阶段构成的一个完整的项目生命周期。

2.1 项目生命周期

2.1.1 项目生命周期的定义

生命周期（Life Cycle）通俗地理解为"从摇篮到坟墓"（Cradle-to-Grave）的整个过程。项目作为一种创造独特产品与服务的一次性活动是有始有终的，项目生命周期是指项目从开始到结束所经历的一系列阶段。这些阶段之间的关系可以顺序、迭代或交替进行。

美国项目管理协会（PMI）对项目生命周期（Project Life Cycle）的定义：项目从开始到结束所经历的一系列阶段。

【Tips】：项目的特点之一是不确定性，其整个过程是一个逐渐明晰的过程，无论是哪种类型的项目，把项目分成若干个阶段来进行管理，一方面可以清楚每个阶段的重难点，更好地推进事情（目标）本身的达成；另一方面可以降低项目的不确定性，并且增强项目成功的信心。

产品生命周期（Product Life Cycle）理论是美国哈佛大学教授雷蒙德·弗农（Raymond Vernon）于 1966 年在其"产品周期中的国际投资与国际贸易"（International investment and international trade in the product cycle）一文中首次提出的。产品生命周期，指产品从准备进入市场开始到被淘汰退出市场为止的全部运动过程。典型的产品生命周期一般可分为 4 个阶段：投入期、成长期、成熟期和衰退期。

【Tips】：要注意区分项目生命周期与产品生命周期。项目生命周期定义项目的开始与结束。假如一个项目交付特定的产品，那么该产品的生命周期比项目生命周期更长。从该产品的研发（此时是项目的任务），到该产品投入使用（或运营），直到该产品的消亡就构成了该产品的生命周期。

一个产品生命周期中，可以包含很多个项目生命周期。例如，长城如果是一个产品，其生命周期中，有过大大小小不计其数的项目，从最初的修建，到后面的再建，到后期的不断维修……当然，一个项目生命周期也可以开发一个或多个产品。

2.1.2 项目生命周期的内容

项目生命周期是为达成项目目标而开展的一系列系统性活动。尽管项目在规模与复杂程度上存在显著差异，但任何项目均可纳入以下通用的生命周期框架：启动项目（Starting the Project）、组织与准备阶段（Organizing and Preparing）、开展项目工作（Carrying out the Work）、结束项目（Closing the Project），如图 2-1 所示。

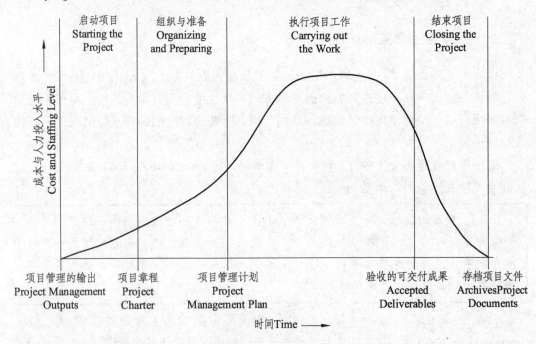

图 2-1　项目生命周期内容

一个标准项目通常包含启动、规划、实施和结束四大阶段，这一体系完整勾勒出项目从立项到收尾的全流程路径，为项目管理搭建起普适性基础框架。各阶段并非单一的线性关系，既可遵循顺序依次推进，也能根据实际需求以迭代优化或交叉并行的方式灵活开展，从而更好地适应不同项目的复杂性与动态变化 。

【Tips】：一个阶段结束后，才开始另一个阶段，阶段之间为先后顺序关系。如果所涉及的风险不大，也可在这个阶段结束前就开始下一个阶段，阶段之间为交叠关系。阶段之间也可以是迭代关系，即各阶段的技术工作的种类相似，但越来越精细。

（1）启动阶段（Initiation Phase）。此阶段是项目的开端，核心在于明确项目定位及最终交付成果。主要工作包括：通过市场调研、战略分析等方式识别项目机会；项目团队或组织根据客户需求编制需求建议书；完成项目立项审批流程。该阶段形成的项目建议书或可行性研究报告，将作为后续决策的重要依据，对项目的方向和可行性进行系统论证。

（2）规划阶段（Planning Phase）。规划阶段的重点是细化和完善项目目标，从多个备选方案中筛选最优策略，确保项目能够达成预期成果。具体任务涵盖：制订全面的项目计划书，明确工作范围并进行项目工作分解；估算各项活动所需的时间和费用，科学安排项目进度和人员配置；同时，建立质量保证体系，制定风险应对方案，为项目顺利推进筑牢根基。

（3）执行阶段（Implementation/Execution Phase）。进入执行阶段，项目团队需协调各类资源，严格按照既定计划推进工作。具体内容包括：落实解决方案，执行项目计划书；通过定期跟踪和监控，对项目过程进行动态控制；开展资源采购与合同管理；同步进行进度、费用和质量的全方位管控，及时处理执行过程中出现的问题，确保项目按计划有序开展。

（4）结束阶段（Closing Phase）。当项目目标达成，或经评估确认目标已无法实现时，项目将进入收尾阶段。该阶段的核心工作包括：对最终可交付成果进行质量验收；完成费用决算和审计，确保资金使用合理合规；整理项目资料并完成验收归档；进行项目交接和清算，妥善处理后续事宜，为项目画上圆满句号。

【Tips】：项目阶段通常按照项目进行的顺序来划分，阶段的名称和数量取决于组织的管控需要、项目本身特征、项目所处领域。

从项目生命周期的一个阶段到另一个阶段常常涉及某种形式的技术交接，通常前一个阶段结束后的可交付成果（输出）将成为下一阶段启动的根据（输入），而项目阶段是以一个或多个可交付成果的完成为标志的。可交付成果是某种有形的、可测量的和（或）可验证的工作成果。项目阶段的结束以审查关键可交付成果和迄今为止的项目实施情况作为标志，其目的在于确定项目是否应当继续实施，并进入下一阶段，以最低成本最有效地发现和纠正错误与偏差。

阶段通常有时间限制，由一个开始点、结束点或控制点组成。项目阶段定义了项目的检查点和不同时段的焦点，便于对项目进行计划、管理和控制。阶段划分得越细，说明控制越严密。项目阶段的意义是增加了一系列项目审核点，能够确保前一阶段工作的正确性和完整性，为开展下一阶段的工作做好准备，有效审核项目能否进入下一个阶段，从而经济有效地发现和纠正错误。

> 【Tips】：项目阶段通常有时间限制，由一个开始点、结束点或控制点组成。项目生命周期的每个阶段都可以当作项目或子项目来看待。

项目生命周期中在每个阶段结束点会设立阶段关口/阶段门（Phase Gate）。阶段关口是为进入下个阶段、做出整改或结束项目的决定而开展的阶段末审查。在阶段关口这个时间点，把项目的绩效及进展与各种项目文件及业务文件进行比较。涉及的业务文件包括（但不限于）：

项目商业论证（Business Case）：文档化的经济可行性研究报告，用来对尚缺乏充分定义的所选方案的收益进行有效性论证，是启动后续项目管理活动的依据。

项目章程（Project Charter）：由项目启动者或发起人发布，正式批准项目成立，并授权项目经理使用组织资源开展项目活动的文件。

项目管理计划（Project Management Plan）：是描述如何执行、监督和控制项目的一份文件。

效益管理计划（Benefits Management Plan）：对创造、提高和保持项目效益的过程进行定义的书面文件。

> 【扩展资料 2-1】：项目启动大会（Initiating Meeting）和项目开工会议（Kick-off Meeting）的内容和作用不同，如表 2-1 所示。

表 2-1　项目启动大会和项目开工会议的比较

会议类型	项目启动大会	项目开工会议
主导方	公司高层人员	项目经理
召开时间	启动阶段结束时召开	项目管理计划完成后、实施之前召开
会议目的	发布项目章程； 任命项目经理并赋予其使用用组织资源的权利	传达项目目标； 阐明每个相关方的角色和职责； 获得团队对项目的承诺； 树立团队信心

2.1.3　项目生命周期的特性

项目生命周期从开始到结束通常具有以下特性，如图 2-2 所示。

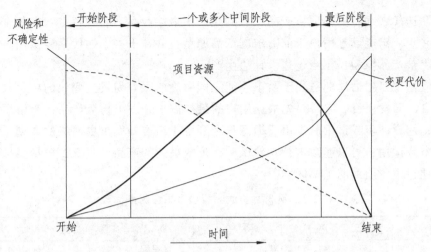

图 2-2　项目生命周期特性示意

（1）成本和人员的配备在项目开始时是最低的，在向实施阶段进展时逐渐增高，在项目接近收尾时快速降低。

（2）成功完成项目的概率在开始时是最低的，而风险和不确定性是最高的，随着时间的推移，风险和不确定性逐渐降低。

（3）项目相关方影响项目产品最终特性的能力在项目开始时是最高的，然后随着项目的继续而逐渐降低。

（4）变更和纠正错误的代价随着时间的推移逐渐升高。因此，从成本的角度来讲，在项目进行过程中，越早发现错误，纠正错误的成本越低；而在项目进行到后期时才发现的错误，其导致的成本代价可能是不可估量的。

2.1.4　项目生命周期和开发生命周期

1. 项目生命周期的类型

项目生命周期分为预测型（Predictive）和适应型（Adaptive）。

（1）预测型项目生命周期。

预测型项目生命周期又称为"驱动型项目生命周期"，是指事先详细定义项目可交付成果，尽量预测出以后需要开展的项目工作，编制出详细的项目计划，然后在执行阶段完成已定义好的项目工作并获得可交付成果，在收尾阶段验收并移交已完成的项目可交付成果。

预测型项目生命周期的特点：先设计好要做的产品，再实际去做，在做的过程中一般不进行实质性变更。如果想变更，必须进行严格控制。预测型项目生命周期适用于有成熟做法、风险较低、待开发产品清晰明确的项目，如建筑工程项目，同时也适用于只能作为一个整体交付并发挥作用的项目产品。

（2）适应型项目生命周期。

适应型项目生命周期也称为"敏捷型项目生命周期"，是指随用户需求的变化，通过短期迭代来逐步完善项目产品，直到生产出最终产品。它的特点：在每个迭代期都设计并生产出能满足用户当前需求的产品原型，并在下一个迭代期根据用户需求的变化，完善产品原型，相当于边设计边生产。

适应型项目生命周期适用于需求不能立即明确或很容易发生变化的项目，如研发项目和 IT 开发项目。它需要先根据用户的最初需求开发出初级产品，交给用户评审或试用；用户评审或试用后提出反馈意见，开发小组再开发出更高级的原型，并交给用户评审或试用；可以连续进行几轮试验，形成最终的产品。表 2-2 概括了预测型和适应型项目生命周期的主要区别。

表 2-2　预测型和适应型项目生命周期比较

比较项	预测型项目生命周期	适应型项目生命周期
适用条件	需求明确、产品清晰、无须变更、风险较低	需求不清、产品模糊、频繁变更、风险较大
开发流程	依次进行设计、建造和测试，一次交付完整产品	每个迭代期都需设计、建造和测试，并交付产品原型；经若干迭代期后，交付最终产品
相关方参与	只参与项目的开始与结束阶段，即整个产品的设计和交付	频繁参与，即参与每个迭代期的产品原型设计和交付
项目范围	一开始就明确整个项目的范围，且通常不变	依次明确各迭代期的项目范围；范围在一个迭代期内不变，在迭代期之间通常进行调整

2. 项目开发生命周期

在项目生命周期内通常有一个或多个阶段与产品、服务或成果的开发相关，这些阶段称为开发生命周期（Development Life Cycle）。也就是说，要达成每个阶段的目标，采用哪种开发模式。

【Tips】：开发生命周期属于项目生命周期的一个或多个阶段。例如，信息系统项目，其执行项目工作阶段就是系统开发生命周期，如图 2-3 所示。

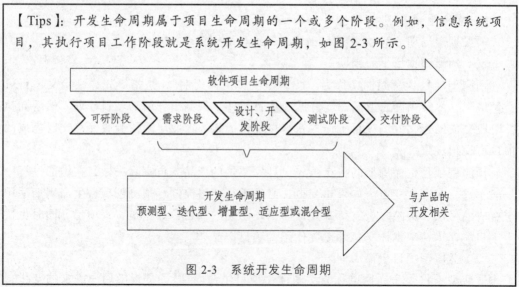

图 2-3　系统开发生命周期

开发生命周期类型包括：预测型（Predictive）、迭代型（Iterative）、增量型（Incremental）、敏捷型（Agile）和混合型（Hybrid）。开发生命周期类型的比较如表 2-3 所示。

> 【Tips】：迭代——通过重复的循环活动来开发产品。
> 　　　　 增量——渐进地增加产品的功能

（1）预测型（Predictive）：也叫完全计划型（Fully Plan-Drive）或瀑布型（Waterfall）。要求项目在早期就确定项目的范围、时间、成本。按计划执行、一次交付。按阶段顺序执行，一个阶段完成后才能开始下一个阶段。整个过程仅向前推进，不会返回重新执行前期阶段任务。在这种项目管理周期中，在项目启动阶段重点解决项目范围问题，包括需求收集和范围的定义；而后的计划和执行也强调对范围变更的管理。该模式比较适用于传统行业，尤其在充分了解交付物且需整批一次性交付时，有利于项目相关方。

（2）迭代型（Iterative）：范围在早期确定，但时间及成本估算将随项目团队对产品理解的不断深入而定期修改（重复的循环）。作为敏捷型的一种方式，是通过一系列重复的循环活动来开发产品。迭代的本质是一个由模糊逐步变清晰的过程。

> 【例 2-1】：装修新家，往往无法一次做好，需要不断精细化。虽然项目范围，通常在项目生命周期的早期确定，即你已经明确了要装修的范围就是你的三室一厅，但时间及成本估算将随着项目团队对产品的理解的不断深入而定期修改。

> 【例 2-2】：做过游戏项目的同学对迭代型的场景应该都有了解。例如，一些 3A 大作，会涉及 3D 模型，那么在制作 3D 模型的时候，就会采用迭代的方式。从原画设计开始，先绘制线稿，然后上色，再制作模型，是一个逐步实现的过程。

（3）增量型（Increment）：在预定的时间区间内，通过渐进增加产品功能的一系列迭代来产出可交付成果。只有在最后一次迭代之后，可交付成果具有了必要和足够的能力，才能被视为是完整的。

> 【例 2-3】：对于互联网产品以及游戏项目，都是一个增量的过程，先有核心玩法，然后逐步补充次核心玩法，再补充周边玩法。每次的交付都是在逐步增加产品的功能。因此，增量的本质是渐进地增加产品的功能。

（4）敏捷型（Agile）：也称为适应或变更驱动型。其详细范围在迭代开始之前就得到了定义和批准；较小的增量、快速迭代、每次交付最有价值的东西；频繁交付、相关方持续参与。其适用于需应对快速变化的环境，以及需求和范围难以事先确定的情况。

【例 2-4】：最生活化的例子就是毕业论文的编写，如果老师给你一个题目，你半年后直接提交答辩，很大的概率无法通过，你需要快速的迭代，经常的跟老师沟通，及时修改错误，确定正确方向，才能完成最终的论文答辩。

（5）混合型（Hybrid）：是预测型生命周期和适应型生命周期的组合。对于有确定需求的项目采用预测型开发生命周期，而仍在发展中的项目采用适应型开发生命周期。

表 2-3　开发生命周期类型的比较

类型	预测型 （瀑布型、计划驱动）	迭代型	增量型	敏捷型 （适应型、变更驱动）
特点	按计划执行	重复的循环	渐进地增加	较小的增量、快速迭代、每次交付最有价值的东西
需求	开发前预先确定	交付期间定期细化		交付期间频繁细化
交付	一次交付	分次交付		频繁交付
关键相关方	特定里程碑时间点参与	定期参与		持续参与
优选适用条件	充分了解产品； 厚实的行业实践基础； 整批一次性交付有利于相关方	不断变化目标和范围； 需降低项目复杂性； 部分交付有利于相关方		须应对快速变化的环境； 需求和范围难以事先确定； 较小增量改进有利于相关方

英国系统科学家、哲学家和组织行为科学家拉尔夫·斯泰西（Ralph Stacey）一直致力于将复杂性科学的理论观念和方法"映射"到组织行为和管理中。为了整合主流管理理论与复杂自适应系统，他提出 Stacey 矩阵（Ralph Stacey's Agreement and Certainty Matrix），说明决策和控制的适当形式，取决于所面临的变化情况的性质。

基于 Stacey 矩阵，在《敏捷实践指南》中构建了一个判断适用敏捷方法还是传统预测方法的矩阵。该矩阵的两条轴：横轴是技术的不确定性程度，纵轴是需求的不确定性程度，如图 2-4 所示。

第一区域，简单（Simple）项目：需求明确，技术方案也确定，这类项目就叫作简单项目。这类项目最好把计划提前做到位，可以采用预测开发。

第二区域，复杂（Complex）项目：需求明确，技术却不明确，也就是说怎么实现不知道，这类项目就叫作复杂项目，也称为棘手项目，推荐采用迭代开发。

【例 2-5】：无人驾驶项目，需求很确定，但是技术有难度，只能摸索着一步步来，所以推荐采用迭代开发。

第三区域，繁杂（Complicated）项目：技术很确定，但是需求不明确。这类项目就叫作繁杂项目，也称为烧脑项目，推荐采用增量开发。

【例 2-6】：客户要求开发一款办公软件，但还没有确定好需要哪些功能。既然客户都还没有想明白要做些什么，就可以先做一些，分成多个阶段来交付。

第四区域，混乱型（Chaotic）项目：需求也不明确，技术也不明确。这种混乱状态的项目很可能会失败。

第五区域，模糊型（Hazy）项目：为图 2-4 中的狭长区域，需求和实现方案变化频繁，最好采用敏捷开发，去拥抱变化。这种项目在软件开发项目中很常见。

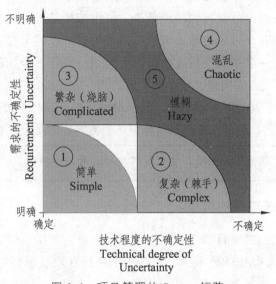

图 2-4　项目管理的 Stacey 矩阵

2.2　项目管理过程概述

2.2.1　项目管理过程的概念

过程是旨在完成预定目标的、一系列相互关联的活动的集合，以便运用一系列工具与技术把特定输入转化成特定的输出。项目管理工作需要接收各种输入，并对运用工具与技术进行适当处理，来创造所需要的输出（结果），如图 2-5 所示。

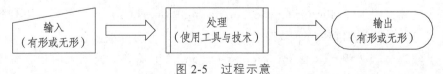

图 2-5　过程示意

借助各种过程来描述项目管理工作，就可以把本来比较模糊的、非结构化的、不便于言传的项目管理，转变成比较清晰的、结构化的、便于言传的项目管理。《PMBOK® 指南》的主要贡献就是把非结构化的项目管理，变成了相对结构化的项目管理。结构化是指把做事的程序、内容和目标规定得很具体、明确，以保证结果的可控性和可重复性。

项目管理过程的概念可以被理解为在项目生命周期内，为实现项目的特定目标而进行的一系列有序、协调的活动和任务的集合。这些活动和任务被精心规划、执行、监控和控制，以确保项目按时、按预算、按要求完成。项目管理过程涉及项目团队和相关方之间的协作、沟通和决策，以最大限度地优化资源利用、降低风险，并实现项目交付的质量和价值。

每个项目管理过程通过合适的项目管理工具和技术将一个或多个输入转化为一个或多个输出。输出可以是可交付成果或结果，其中结果是过程的最终成果。一个过程的输出通常会成为另一个过程的输入或者项目及项目阶段的可交付成果。

项目管理过程是一个系统性的方法，用于规划、执行、监控和控制项目，以实现项目的目标并满足相关方的期望。它涵盖了项目的各个方面，从项目启动到收尾，确保项目交付具有高质量、高效率和高价值。最简单的理解，项目管理过程就是事先制定计划，然后按计划去执行，最后实现项目目标，从而使客户的需求得到满足。

【Tips】:《PMBOK 指南®》用项目管理过程把项目管理方法结构化，使其便于操作。

2.2.2 项目管理过程的构成

项目管理过程组指对项目管理过程进行逻辑分组，以达成项目的特定目标。过程组不同于项目阶段。《PMBOK® 指南》把 49 个项目管理过程归纳为 5 大过程组，即启动、规划、执行、监控和收尾。之所以称作"过程组"，因为除了启动和结尾，规划、执行和监控都有多个过程，所以叫"组"。

（1）启动过程（组）（Initiating Process Group），定义一个新项目或现有项目的一个新阶段，授权开始该项目或该阶段的一组过程。

（2）规划过程组（Planning Process Group），明确项目范围，优化目标，为实现目标定制行动方案的一组过程。

（3）执行过程组（Executing Process Group），完成项目管理计划中确定的工作，以满足项目要求的一组过程。

（4）监控过程组（Monitoring and Controlling Process Group），跟踪、审查和调整项目进展与绩效，识别必要的计划变更并启动相应变更的一组过程。

（5）收尾过程（组）（Closing Process Group），正式完成或结束项目、阶段或合同所执行的过程（组）。

以上 5 个过程组相互协调，形成了一个有机的整体，引导着项目从概念到实施再到结束的全过程。项目管理团队通过合理应用这些过程组，能够有效地规划、执行、监控和收尾项目，确保项目能够顺利达到预期目标，为组织创造持久的价值。在项目生命周期的启动阶段、计划阶段、执行阶段和结束阶段里，每个阶段都包含 5 个基本的管理过程组。

【扩展资料 2-2】：这 5 大过程组的理论基础是著名的"计划（Plan）—执行（Do）—检查（Check）—行动（Act）"循环（PDCA 循环）。意思是做任何事情，都要经过规划（Plan）、执行（Do）、检查（Check）和行动（Act）这 4 个步骤。可以说，这 4 个步骤提供了一个简易的思考和做事框架。这个循环又经常被简单地称为"戴明环"，因为它是经美国质量管理大师爱德华·戴明（William Edwards Deming）改进之后才广为流传的。"规划过程组"相当于戴明环中的"计划"，"执行过程组"相当于戴明环中的"执行"，"监控过程组"相当于戴明环中的"检查"与"行动"。因为项目有明确的开始与结束时间，所以项目管理过程组是两头开口的循环，比戴明环多了一个入口和一个出口，即启动过程组与收尾过程组。

2.2.3　项目管理过程组之间的联系

项目管理的各个过程组之间是通过各自产生的成果而相互联系起来的。一个过程的输出（可交付成果）往往作为另一个过程的输入（依据），一个项目管理过程需要通过与其相关的工具和技术，才能将输入转变为输出。项目管理过程组之间的关系如图 2-6 所示。

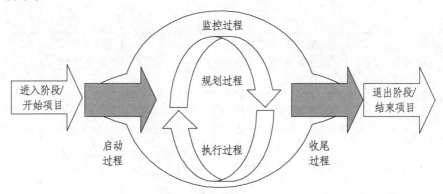

图 2-6　项目管理过程组之间的相互联系

项目管理过程组之间不仅成果相互联系和影响，同时各过程组在时间上也会有重叠，并不是完全按照顺序执行的，有时候也会出现并行，但相互之间的逻辑关系不变。当项目划分为阶段时，同样的过程组在项目生命周期的每个阶段都会重复，循环往复执行，便于有效推动项目完成。项目管理过程组在项目的每个阶段，按照不同的强度和层次发生重叠。

【Tips】：不能用线性思维去理解项目管理各过程之间的关系，各过程之间通常存在交叠和循环关系。绝大多数执行和监控过程都需要持续开展。

2.2.4　项目管理过程组与知识领域

除了过程组，过程还可以按知识领域进行分类。《PMBOK® 指南》确定了大多数情况下大部分项目通常使用的十大知识领域，表 2-4 列出了五大项目管理过程组和十大知识领域的关系。

表 2-4　项目管理过程组与知识领域

知识领域	项目管理过程组				
	启动过程组	规划过程组	执行过程组	监控过程组	收尾过程组
项目整合管理	制定项目章程	制定项目管理计划	指导与管理项目工作；管理项目知识	监控项目工作实施；整体变更控制	结束项目或阶段
项目范围管理		规划范围管理；收集需求；定义范围；创建 WBS		确认范围；控制范围	
项目进度管理		规划进度管理；定义活动；排列活动顺序；估算活动持续时间；制订进度计划		控制进度	
项目成本管理		规划成本管理；估算成本；制定预算		控制成本	
项目质量管理		规划质量管理	管理质量	控制质量	
项目资源管理		规划资源管理；估算活动资源	获取资源；建设团队；管理团队	控制资源	
项目沟通管理		规划沟通管理	管理沟通	监督沟通	
项目风险管理		规划风险管理；识别风险；实施定性风险分析；实施定量风险分析；规划风险应对	实施风险应对	监督风险	
项目采购管理		规划采购管理	实施采购	控制采购	
项目相关方管理	识别相关方	规划相关方参与	管理相关方参与	监督相关方参与	

2.3　项目管理过程组的管理要点

2.3.1　启动过程组

启动过程组主要关注项目的授权和启动，包括明确项目的目的、范围、目标以及预期结果。这是项目管理的起始点，为后续的规划、执行、监控和控制提供了基础。在正式进入启动过程组之前，项目发起人需要组织专家完成项目的前期准备工作，编写出相应的商业文件（如商业论证报告），签妥发起项目的合作协议。在启动过程组时，用项目章程宣布项目正式立项，并开始编制相关方登记册。其主要任务包括：

（1）明确项目需求：与项目发起人、关键相关方沟通，确保对项目目标和范围有清晰的理解。

（2）组建项目团队：根据项目需求，选拔合适的项目团队成员，并明确各自的职责和角色。

（3）制定项目章程：这是一份正式的、经过批准的文件，它明确定义了项目的目标、范围、关键干系人以及项目经理的职责和权限。

【Tips】：启动过程组的主要成果是项目章程和相关方登记册。

【Tips】：通常，项目经理人参与但并主导项目启动工作。启动工作由项目发起人或高级管理层主导。

2.3.2　规划过程组

在规划过程组中，项目团队需要制定详细的项目计划，包括任务分配、时间表、预算，以及潜在的风险和问题。规划过程组需要充分考虑项目需求、资源和限制条件，确保项目可以按计划执行。

规划过程组旨在细化项目目标，并为实现项目目标编制项目计划。首先需要编制各分项管理计划，然后根据各分项管理计划编制项目范围计划、进度计划、成本计划、质量计划、风险计划和采购计划，最后把所有分项管理计划以及各层次的范围计划（范围基准）、进度计划（进度基准）和成本计划（成本基准）汇编成项目管理计划。项目管理计划主要包括 12 个子计划和 3 个基准，如表 2-5 所示。

表 2-5　项目管理计划

	知识领域	子计划	基准
1	项目整合管理	变更管理计划、配置管理计划	
2	项目范围管理	范围管理计划、需求管理计划	范围基准
3	项目进度管理	进度管理计划	进度基准

	知识领域	子计划	基准
4	项目成本管理	成本管理计划	成本基准
5	项目质量管理	质量管理计划	
6	项目资源管理	资源管理计划	
7	项目沟通管理	沟通管理计划	
8	项目风险管理	风险管理计划	
9	项目采购管理	采购管理计划	
10	项目相关方管理	相关方参与计划	

项目计划编制的步骤如下:

第1步:编制各分项管理计划,包括相关方参与计划、沟通管理计划、需求管理计划、范围管理计划、进度管理计划、成本管理计划、质量管理计划、资源管理计划、风险管理计划、采购管理计划。

第2步:确定项目范围,包括收集需求、定义范围、创建 WBS。

第3步:确定项目工期,包括定义活动、排列活动顺序、估算活动所需资源、估算活动持续时间、制定进度计划。

第4步:确定项目成本,包括估算成本、制定预算。

第5步:确定项目质量标准,包括编制具体的质量测量指标,明确达到质量指标的方法,并规定如何检查项目质量。

第6步:规划风险应对,包括识别风险、实施风险定性分析、实施风险定量分析、规划风险应对。

第7步:策划项目采购,包括编制项目采购计划。

第8步:形成综合计划,包括将所有的分项管理计划、高层次范围、进度和成本计划汇编成项目管理计划,同时协调其他所有低层次计划,作为项目文件或采购文件。

在项目范围管理、进度管理、成本管理、质量管理、风险管理和采购管理这六大知识领域,程序性计划和实体性计划是分开的。在项目资源管理、沟通管理和相关方管理这三大知识领域,程序性计划和实体性计划合二为一。

【例 2-7】:项目范围管理知识领域中,程序性计划包括需求管理计划和范围管理计划,而实体性计划则涵盖项目范围说明书、工作分解结构和工作分解结构词典。

【Tips】:规划过程组的主要成果是项目管理计划,主要包括 12 个子计划和 3 个基准。

2.3.3　执行过程组

执行过程组是实际执行项目任务的阶段，要求项目团队按照项目计划，使用适当的资源，完成项目的各项任务。执行过程组需要确保所有任务都按照既定的时间表和预算进行，并解决执行过程中遇到的各种问题。其主要任务包括：

（1）任务分配与执行：将项目计划中的任务分配给项目团队成员，并监督其执行情况。

（2）团队协作：通过高效的团队协作，提高项目的执行效率。

（3）问题解决：及时识别并解决执行过程中出现的问题，确保项目按计划进行。

在项目执行阶段，问题和风险是不可避免的。需要及时识别和解决问题，以防止问题对项目进展造成影响。同时，还需要评估和管理项目风险，制定应对策略，以减少风险对项目的影响。

【例 2-8】：一个配送中心建设项目的执行阶段工作包括：依照施工规划和布局图纸开展场地建设与设施安装，涵盖仓库主体建筑施工、货架安装、物流设备调试等。同时，要管理好施工及设备安装团队，合理安排人员分工与作业顺序，保障各项工作高效推进。还要及时解决施工过程中出现的各类问题，如场地地基问题、设备安装调试故障等。此外，充分评估和管理施工风险，像施工期间可能遭遇恶劣天气影响工期、设备供应商供货延迟等风险，提前制定应对预案。

【Tips】：执行过程组的主要成果是可交付成果和工作绩效数据。

2.3.4　监控过程组

监控过程组，此阶段涉及对项目执行的监控和控制，包括定期评估项目的进展情况，与预期进行对比，并根据需要采取必要的纠正措施。这包括对进度、预算、质量、风险和沟通的监控，以确保项目可以按预期的目标在约束条件下成功完成。其主要任务包括：

（1）项目跟踪：持续监督项目的进展和状态，及时掌握项目的实际情况。

（2）项目偏差控制：识别和分析项目偏离计划的情况，采取纠正措施以使项目重新回到正轨。

（3）变更管理：管理项目范围内的变更请求，确保变更能够合理地纳入项目。

（4）进度控制：监控项目进度，采取措施保证项目按时完成。

（5）质量控制：确保项目交付的成果符合预期的质量标准，进行质量检查和测试。

（6）成本控制：监控项目成本的支出情况，避免超出预算。

（7）风险控制：持续识别和管理项目的潜在风险，采取措施降低风险对项目的影响。

【Tips】：监控过程组的主要成果是工作绩效信息和项目管理计划更新。

2.3.5 收尾过程组

在项目的结束阶段，团队需要完成所有任务，确保项目满足所有目标、需求和期望，并进行项目的验收和总结。收尾过程组还需要进行项目后评估，以总结经验教训，为未来的项目提供参考。项目管理的最后阶段并不是简单写一份报告或者给一份数据那么简单，项目经理必须记录所有可交付的成果，并将项目移交给负责监督其运营的客户或其他团队。其主要任务包括：

（1）项目验收：对项目成果进行验收，确保项目满足需求。

（2）项目总结：记录项目的成功经验和教训，为未来的项目提供参考。

（3）文档整理：确保所有项目文档已经整理完毕，并存档保存。

如果项目通过合同方式实施，则对每个合同都要进行合同收尾。每个合同的收尾，是控制采购过程（监控过程组）的组成部分。在项目或阶段结束过程，则要全面审阅与采购有关的资料（可能涉及不止一个合同），全面总结采购管理的经验教训。

项目的产品范围或技术工作全都完成了，并不代表项目结束。项目必须经过正式的结束项目或阶段过程，完成行政收尾后，才可以宣布项目正式结束。

收尾工作不仅仅针对整个项目，也需在每个阶段结束时同步完成。

【Tips】：项目管理过程的要点：

启动过程组：千里之行，始于足下；

规划过程组：运筹帷幄，决胜千里；

执行过程组：言出必行，行必结果；

监控过程组：审时度势，沉着应变；

收尾过程组：慎终如始，如履薄冰。

思考题

1. 项目生命周期是包括哪几个阶段？项目生命周期与产品生命周期有什么区别？

2. 项目生命周期有哪些特性？

3. 项目管理过程由哪几部分组成？各部分之间的联系是怎么样的？

第 3 章　项目范围管理

本章介绍了项目范围和项目范围管理的含义。要求掌握项目范围管理的内容，理解决定项目范围的要素。重点掌握工作分解结构（WBS）方法的原理和步骤，能够熟练运用工作分解结构方法。

项目范围管理是项目其他各方面管理的基础。如果范围不清楚，进度、成本和质量等也就无法弄清楚。

【扩展资料 3-1】：1983 年 PMI 发布了《ESA 研究报告》（Ethics，Standards and Accreditation，ESA），项目范围首次被列为定义项目目标的一个重要维度，并且被列在了时间、成本和质量要求的前面。自此，三重约束从由进度、成本和质量构成的"铁三角"，变成了由范围、进度和成本构成，质量被置于中间。这份报告标志着项目管理的理念和实践进入了一个新的阶段，反映了项目管理领域对范围管理的重视，以及认识到范围定义对于项目成功的关键作用。自那时起，特别是 1996 年 PMI 发布《项目管理知识体系指南》以后，项目范围管理就被日益重视，成为项目管理中不可或缺的一部分。

3.1　项目范围管理概述

3.1.1　基本概念

项目范围（Project Scope）是指为提供具有规定特征与功能的产品、服务或成果而需要完成的工作。项目范围描述项目的边界，产品范围和项目范围两个概念是有区别的。

（1）产品范围（Product Scope），某项产品、服务或成果所具有的特征和功能。是否完成以产品要求作为衡量标准。

（2）项目范围（Project Scope），为交付具有规定特性与功能的产品、服务或成果而必须完成的工作。项目范围有时也包括产品范围。完成标准是以项目管理计划、项目范围说明书、相应的 WBS、WBS 词典为衡量依据。

【例 3-1】：要煮一锅土豆焖饭，产品范围就是煮成的饭及应具备的特性，如土豆和米饭的占比；项目范围就是准备土豆、大米、水、锅、柴火，以及烧火煮饭。产品范围是面向客户的，而项目范围是面向项目团队的。

一方面，产品范围决定项目范围，只有弄清楚产品范围，才能弄清楚项目范围，即产品范围对产品要求的深度和广度决定了项目工作范围的深度和广度。另一方面，项目范围服务于产品范围，只有项目范围做到位，产品范围才能实现。产品范围的完成情况，要依据产品需求文件来考核。项目范围的完成情况，要依据项目管理计划来考核。因此，要将项目产品范围和项目工作范围有机结合起来，才能确保为客户提供满意的项目工作成果。

【Tips】：广义的项目范围，由产品范围和狭义的项目范围构成。

项目范围是指为实现项目目标而涵盖的全部的工作，同时确保其中仅包含最少的必要工作，无益于项目目标的工作不属于项目范围内。

"全部的"是指实现该项目目标所进行的"所有工作"，任何工作都不能遗漏，否则会导致项目"范围萎缩"（Scope Shrink）。

"最少的"要求完成该项目目标所规定的"必要的、最少量"的工作，不进行此工作就无法最终完成项目。工作范围不包括那些超出项目可交付成果需求的多余工作，否则会导致项目"范围蔓延"。范围蔓延（Scope Creep）是指未经控制的产品或项目范围的扩大（未对时间、成本和资源做相应调整）。

【Tips】："范围蔓延"指项目范围没有很好的控制，项目工作范围超出了项目立项时的范围。例如，去商场前，在家里计划买两套运动衣，可是到了商场，发现运动鞋促销，于是就买了一双，这是范围蔓延。

在到达商场前，只考虑需要买运动衣，没有确定款式、色彩、价位，到商场后，随着所看到的商品越来越多，慢慢对要买的运动衣的款式、色彩、价位有了明确的认识，这是渐进明细。

项目范围管理（Project Scope Management）旨在确保项目做且只做所需的全部工作，以成功完成项目的各个过程。当项目范围确定后，项目的其他方面（如工期、成本，所需要的人力、设备及其他资源）也就随之确定，项目范围管理能够有效确保项目管理的结果。

【Tips】：项目范围就是做什么，不做什么。项目范围管理就是决定做哪些事情，不做哪些事情，其核心是工作内容的设定和取舍。

【Tips】：项目范围管理是项目管理所有知识领域中最关键、最重要的部分。

确定了项目范围也就定义了项目的工作边界，明确了项目的目标和主要的项目可交付成果。正确地确定项目范围对项目成功非常重要，如果项目的范围确定得不好，有可能造成最终项目费用的提高，也可能因为项目范围确定得不好会导致意外变更，从而打断项目的实施节奏，造成返工，延长项目完成时间，降低劳动生产率，影响项目组成员的干劲。

3.1.2　项目范围管理的过程

项目范围管理主要在于定义和控制哪些工作应该包括在项目内，哪些不应该包含在项目内。项目范围管理过程包括：

（1）规划范围管理：为了记录如何定义、确认和控制项目范围及产品范围，创建范围管理计划的过程。

（2）收集需求：为了实现项目目标，确定、记录并管理相关方的需要和需求的过程。

（3）定义范围：制定项目和产品详细描述的过程。

（4）创建 WBS：将项目可交付成果和项目工作分解为较小的、更易于管理的组件的过程。

（5）确认范围：正式验收已完成的项目可交付成果的过程。

（6）控制范围：监督项目和产品的范围状态，管理范围基准的变更的过程。

在项目实际进展中，以上各过程会相互交叠和相互作用，各过程的输出文件如表3-1 所示。

表 3-1　项目范围管理过程

过程组	管理过程	输出文件
规划	规划范围管理	范围管理计划、需求管理计划
	收集需求	需求文件、需求跟踪矩阵
	定义范围	范围说明书
	创建 WBS	WBS、WBS 词典
监控	确认范围	验收可交付成果、工作绩效信息等
	控制范围	工作绩效信息、变更请求、项目管理计划更新

项目范围管理为项目实施提供了任务范围的框架，对项目实施进行有效的控制，为项目绩效度量提供基线，为项目最终交付提供依据。

【扩展资料3-2】：预测型和适应型项目的范围管理。

预测型项目，在项目开始时就对项目可交付成果进行定义，对任何范围变化都要进行渐进管理。经过批准的项目范围说明书、工作分解结构（WBS）和相应的WBS词典构成项目范围基准，只有通过正式变更控制程序，才能进行基准变更。

适应型或敏捷型项目，特点就是项目初期范围无法完全确定，需求变化大、风险高、不确定性高。通常需要对项目进行滚动式规划（敏捷项目的渐进明细）。通过原型和多次的版本迭代来明确需求，在每次迭代开始时定义和批准详细的范围。需要相关方持续参与项目。

在预测型项目中，确认范围是在每个可交付成果生成时或者阶段审查开展时，而控制范围则是一个持续性的过程；在适应型或敏捷型项目中，发起人和客户代表应该持续参与项目。在每次迭代中，都会重复开展两个过程：确认范围和控制范围。

3.1.3 项目范围的决策

1. 决定项目范围的要素

项目范围管理涉及工作任务的取舍。这一过程涵盖了多方面因素的考虑，包括市场竞争、商务模式、成本估算、操作风险等。

（1）市场竞争。

市场竞争往往迫使项目组织不断地向客户提供更多的产品功能和服务，于是造成项目范围的不断扩展。

【例 3-2】：某物流公司起初专注于本地及周边城市的普通货物公路运输服务。随着物流行业竞争加剧，大型综合性物流企业不断涌现，这些企业不仅运输网络覆盖范围广，还能提供仓储、配送、供应链方案设计等一站式服务。客户对物流服务需求日益多元化，该公司逐渐面临发展瓶颈。为了满足客户多样化需求，该物流公司决定依托自己的某智慧物流园，拓展业务范围，除了货物运输，新增了仓储、托管、打包、代发及仓配一体化服务，为客户提供一站式的供应链解决方案。

（2）商务模式。

不同的商务经营模式会产生不同类型和任务量的工作。商业模式的差异会直接影响项目的定位和目标，因此在项目范围的规划和界定中，必须充分考虑这一因素，以确保项目的工作任务与商务模式的要求相一致。

【例3-3】：某超市的生鲜销售项目的商务模式：从各类供应商处采购生鲜产品，通过超市门店和线上平台销售给消费者。项目目标：保证生鲜产品的新鲜度和品质，满足消费者对新鲜食材的需求；优化供应链管理，降低采购成本和损耗，提高生鲜产品的利润空间；提供便捷的购物体验，包括良好的门店布局和快速的线上配送服务，吸引和留住消费者。

某生鲜加工企业的产品生产项目的商务模式：将采购来的农产品等进行加工，生产成各类生鲜加工品，如净菜、预制菜等，销售给超市、餐厅等客户。项目目标：建立标准化的生产流程，确保产品的质量和口感稳定；研发新的加工工艺和产品口味，以满足不同客户的需求；提高生产效率，扩大生产规模，降低单位生产成本，以增强市场竞争力。

（3）成本估算。

成本估算包括投资成本估算、运营成本估算等，投资效益评估是指评估增加工作范围后所带来的投入和产出比较。在进行范围扩展时，项目团队必须对投资与产出进行全面评估，以确保项目的工作任务在经济效益上具备可行性。

【例3-4】：随着冷链物流的需求日益增长，某区域物流公司决定扩展业务范围，投资建设冷链物流体系。项目启动前，公司项目团队开展了全面的成本估算工作。投资成本方面，购置专业的冷藏运输车辆、建设低温仓储设施、配备冷链监控设备等硬件投入预计达到 800 万元；开发适用于冷链物流的信息化管理系统，涵盖温度实时监控、运输路径优化等功能，软件开发及服务器租赁费用约需 120 万元；此外，还需投入 100 万元用于员工冷链物流专业技能培训和资质认证，总投资成本估算约为 1020 万元。运营成本估算中，每年车辆燃油费、设备维护费、仓储能耗费等预计 150 万元；信息化系统维护和升级费用每年约 20 万元；人员薪酬及福利每年需支出 180 万元，年度运营成本总计约 350 万元。接着，项目团队进行投资效益评估。通过市场调研，预测新的冷链物流业务在运营首年能吸引 30 家生鲜电商和医药企业客户，预计实现运输订单量 1.2 万单，仓储货物周转量达 8000 t，预计首年营收可达 700 万元。随着市场口碑的积累和业务拓展，后续每年营收有望以 10%的速度增长。基于成本估算和投资效益评估结果，公司认定该项目在经济效益上具备可行性，决定推进冷链物流体系建设项目。

（4）操作风险。

操作风险是影响工作范围取舍的另一个重要因素。项目中涉及的工作任务可能会面临一定的操作风险，包括技术可行性、资源供给、市场变化等方面的风险。在项目范围管理过程中，必须对这些操作风险进行充分的评估和考虑，以避免因风险过高而导致工作范围的扩张过度或缩减不当，要从风险概率、风险后果、得失比等方面进行分析。

【例 3-5】：某物流企业在传统陆运领域颇具规模，为提升配送效率、降低成本，计划拓展无人机配送业务，将其作为新的业务增长点。项目初期，企业将工作范围设定为在城市区域全面开展无人机快递配送，覆盖生鲜、药品等时效性要求高的货物运输，并计划在一年内实现日均千单的配送量。

项目推进过程中，操作风险逐渐显现。在技术可行性方面，无人机配送需解决复杂的导航、避障、精准投递等技术难题，同时要满足城市低空飞行的法规要求。项目团队发现，现有的无人机技术在复杂天气（如暴雨、大风）下稳定性不足，且城市高楼林立的环境中，避障系统难以精准识别动态障碍物，技术研发进度远低于预期。资源供给上，专业的无人机飞手和技术维护人员稀缺，企业招聘到的人员数量和质量均未达标，培训成本大幅增加；同时，无人机设备采购因供应链波动，交付周期延长，导致原定的设备部署计划受阻。市场变化层面，竞争对手提前推出类似的无人机配送服务，并通过低价策略抢占市场，消费者对新入局的企业接受度较低，企业预估的市场份额难以实现。

从风险概率分析，技术研发滞后、资源短缺和市场竞争加剧这三类风险发生的可能性均高达 80%以上；风险后果上，技术问题会导致配送服务无法稳定运行，损害企业信誉；资源短缺使项目无法按计划开展，造成资金和时间的浪费；市场竞争激烈则可能导致业务量低迷，企业面临亏损，后果严重。得失比评估显示，若坚持原计划的全面城市区域覆盖和高业务量目标，企业需持续投入大量资金和资源，却难以在短期内获得收益，亏损风险极大。

基于此，企业对项目范围进行重新调整。将配送区域从城市全域收缩至人口密度较低、飞行环境相对简单的郊区和偏远乡村，避开城市复杂的飞行管控和激烈的市场竞争；业务类型聚焦药品配送，利用药品对时效性要求高、单价较高的特点，提升服务价值；同时，与成熟的无人机技术公司合作，引入其经过市场验证的无人机设备和技术方案，减少自主研发的投入和风险。通过这些调整，企业有效降低了操作风险，在选定区域逐步建立起稳定的无人机药品配送业务，为后续技术升级和业务拓展积累了经验。

在制定项目范围计划时，必须合理平衡上述所有因素，以确保项目的范围在满足需求的同时又能够保持稳定。

2. 项目范围形成过程

项目范围形成有两种模式：

（1）加法模式。首先确定项目的时间期限、成本预算、质量标准这 3 条约束边界。然后在不突破边界的情况下，不断增加工作内容。

（2）减法模式。首先不管约束条件，而是根据项目的目标将所有的必要的工作内容详尽列出。然后逐一加入3条约束边界，将那些超出约束边界的工作内容逐步裁掉。

加法模式先易后难，减法模式先难后易。加法模式开始时，往往一些必要的工作没有想到，到后期事情越干越多，项目范围逐步膨胀，造成其他3条约束边界全面崩溃，最后可能会导致项目瘫痪。而减法模式需要事先把该想到的工作都想到，形成理想化的完美模型，然后再根据约束限制逐步缩减，不容易出现疏漏。

【例 3-6】：假定一个 100 m² 的家庭装修项目，预算成本是 10 万元，施工期限为 20 天，质量标准为简装修。加法模式是在 3 个约束边界确定之后，逐步列出需要的工作内容，直至增加的工作量碰到了 3 条约束边界的底线为止。减法模式是先将所有能够想到的必要工作内容列出清单，将不可能如期完成的工作删除，再考虑成本约束，将超出预算的工作负荷删除，最后剩下的所有工作内容的总和构成了项目的范围。

项目范围的上限是由项目的必要性决定的，而项目的必要性又取决于项目的目标和宗旨，最终取决于项目的主要相关者，如客户、投资者、高层领导的期望值和价值判断。项目范围的下限是由项目的可行性决定的，而项目的可行性又取决于项目的客观约束条件，以及项目执行团队，包括项目经理本身的综合素质和操作能力。

【Tips】：加法模式就是根据项目的可行性来决定项目的必要范围；而减法模式，则是根据项目的必要性来划定项目的可行范围。

3. 项目范围的优化

项目范围的确定，在实际操作中可以表现为一个目标优化的过程，通过将所有工作任务按轻重等级分类，以便在目标取舍和资源分配时予以区别对待。

项目范围优化可以采取减法程序，体现为一个从必要性上限到可行性下限的优化过程；项目范围优化也可以采用加法程序，体现为一个从可行性下限到必要性上限的优化过程。

【Tips】：减法程序的思路是在追求理想的努力中"忍痛割爱"；加法程序的思路是在保证底线的基础上"得寸进尺"。

4. 项目范围的形式

项目范围的确定需要以文字的形式进行表述，而在不同的情况下，不同的项目应该采取不同的表达方式。

（1）如果是组织内部项目，如企业的新产品开发或技术设备的改造，那么项目的范围应该在高层管理者下达给项目团队的任务书中规定。

（2）如果是对外承接的项目，那么项目的范围应该在合同或协议中规定。工作范围构成了协议中最重要的组成部分，如果界定不清，甚至可能导致法律纠纷。

（3）如果是定向发起并邀请合作者参与的项目，如救助失学儿童的希望工程、救助下岗职工的再就业工程，那么项目的范围应该在项目的章程中规定。章程规定了所有参与项目的合作者的权利和义务，而这一切都建立在项目工作范围的基础之上。

（4）如果是发起融资的项目，如一个科研成果需要引进风险投资以实现商品化，那么项目的工作范围应该是在提交给投资者的商务计划书中体现，并得到风险投资者的认可，因为项目的范围将决定了投资预算和预期收益。

3.2 规划范围管理

规划范围管理（Plan Scope Management）是为了记录如何定义、确认和控制项目范围及产品范围，而创建范围管理计划的主要作用是，在整个项目期间对如何管理范围提供指南和方向。本过程仅开展一次或仅在项目的预定义点开展。本过程编制范围管理计划和需求管理计划。

1. 范围管理计划

范围管理计划是项目管理计划的组成部分，描述如何定义、制定、监督、控制和确认项目范围。可以是正式或非正式的，非常详细或高度概括的。其主要内容包括：

（1）如何制定项目范围说明书。

（2）如何根据详细项目范围说明书创建 WBS。

（3）确定如何审批和维护范围基准。

（4）如何正式验收已完成的项目可交付成果。

根据项目需求，范围管理计划可以是正式或非正式的，也可以是非常详细或高度概括的。

2. 需求管理计划

需求管理计划是项目管理计划的组成部分，描述如何分析、记录和管理项目和产品需求。有些组织也叫"商业分析计划"。其主要内容包括：

（1）如何规划、跟踪和报告各种需求活动。

（2）配置管理活动。

（3）需求优先级排序过程。

（4）测量指标及使用这些指标的理由。

（5）明确哪些需求属性将被列入跟踪矩阵。

需要与范围计划同步制定的管理计划有两个：风险管理计划和信息沟通计划。这两个计划也可作为范围管理的辅助工具，因为工作内容的设定和取舍，在很大程度上取决于对风险的判断和基于项目相关者需求的沟通结果。

3.3 收集需求

收集需求（Collect Requirement）是为实现目标而确定、记录并管理相关方的需要（Needs）和需求（Requirements）的过程。该过程的作用是为定义和管理项目范围（包括产品范围）奠定基础。

项目一旦开始，就应该足够详细地获取、分析和记录这些需求，以便日后进行评估。认真掌握和管理项目需求与产品需求，对促进项目成功有重要作用。需求是指根据特定协议或其他强制性规范，项目必须满足的条件或能力，或者产品、服务或成果必须具备的条件或能力。需求包括发起人、客户和其他相关方的已量化且书面记录下来的需要与期望。

> 【Tips】：收集需求旨在使需求明确化、具体化和书面化。需求必须是可测量的、文档化的。把相关方对项目的需要（Needs）、想要（Wants）和期望（Expectations）转变成具体的项目需求（Requirements），并记录下来。

> 【Tips】：很多公司都是从客户那里收集数据，倾听用户的声音、期望，然后造出他们想要的产品，有的直接把测试产品给到用户，让他们来体验产品。
>
> 　　但福特企业公司建立者亨利·福特（Henry Ford）说过一句话："我不需要产品调研，如果我问我的客户他想要什么，他的回答一定是：一辆更快的马车。"美国苹果公司创始人史蒂夫·乔布斯（Steve Jobs）也曾说："用户压根不知道自己需要什么，直到你把它摆在他面前。"因此，不拘泥于所谓用户、所谓需求，不"执相而求"，抓住人类底层的渴望和习惯，用自己的想象力去丰满产品，才是真正的产品创造者。

3.3.1　需求的分类

收集需求旨在定义和管理客户期望。需求是 WBS 的基础，成本、进度和质量计划也都要在这些需求的基础上进行。需求开发始于对项目章程和相关方登记册中相关信息的分析。需求包括业务需求、相关方需求、解决方案需求、过渡需求、项目需求和质量需求等。

（1）业务需求（Business Requirements）：整个组织的高层级需要。

（2）相关方需求（Stakeholder Requirements）：相关方或相关方群体的需要。

（3）解决方案需求（Solution Requirements）：为满足业务需求和相关方需求，产品、服务或成果必须具备的特性、功能和特征。

> 【Tips】：在项目管理实践中，业务需求明确了项目的战略目标与商业价值，即"为什么要开展这个项目"；相关方需求聚焦于各利益相关方期望通过项目交付成果达成的具体用途，回答"相关方希望利用项目产品实现何种功能或目标"；而解决方案需求则定义了项目团队需要构建的具体产品特性与功能，即"项目最终交付物必须具备哪些要素"。三者之间存在着紧密的逻辑关联：项目团队需通过设计并实施针对性的解决方案，精准满足相关方的功能诉求与使用期望；而相关方需求的有效满足，最终将驱动商业目标的实现，达成项目设立的核心业务需求，形成从需求识别到价值创造的完整闭环。

解决方案需求又进一步分为功能需求和非功能需求。功能需求描述产品应具备的功能。非功能需求是对功能需求的补充，是产品正常运行所需的环境条件或质量要求。

【例 3-7】：功能需求，如产品应该执行的行动、流程、数据和交互等。非功能需求，如可靠性、安全性、性能、服务水平、可支持性等。

（4）过渡和就绪需求（Transition Requirements）：从"当前状态"过渡到"将来状态"所需的临时能力。

【例 3-8】：例如，数据转换和培训需求。

（5）项目需求（Project Requirements）：项目需要满足的行动、过程或其他条件。

【例 3-9】：例如，里程碑日期、合同责任、制约因素等。

（6）质量需求（Quality Requirements）：用于确认项目可交付成果的成功完成或其他项目需求的实现的任何条件或标准。

【例 3-10】：例如，测试、认证、确认等。

以上需求分类并不是唯一的，也不是从单一角度来进行分类的，在不同场合，会有不同的分类表述。

3.3.2 收集需求的工具与技术

收集需求是否科学、准备充分，对收集的结果影响很大。大部分相关方无法完整地描述需求，而且也不可能看到产品的全貌。因此，收集需求只有通过与相关方的有效合作才能成功。收集需求的工具与技术如表 3-2 所示。

表 3-2 收集项目需求的工具与技术

工具与技术类别	工具与技术名称	关键词
数据收集	头脑风暴	大量创意、各种想法、畅所欲言
	访谈	直接交谈、预设和即兴问题、一对一、多对多、获取机密信息
	焦点小组	同职能、同一领域、有相似背景、主题专家（SME）、主持人引导互动式讨论
	问卷调查	受众多样化、需快速完成、地理位置分散、适合开展统计分析
	标杆对照	标杆可以是内部或外部、同行业或不同行业、识别最佳实践，形成改进意见
数据分析	文件分析	分析现有文件，包括审核和评估

续表

工具与技术类别	工具与技术名称		关键词
决策	投票	一致同意	每个人都同意、德尔菲（专家、匿名、多论、趋同、消除偏见）
		大多数同意	同意占比最高、一般决策小组的人数定为奇数
		相对多数同意	相对多数、通常候选项超过两个时使用
	独裁型决策制定		一个人做决策
	多标准决策分析		决策矩阵、多种标准、评估和排序
数据表现	亲和图		分组、审查和分析
	思维导图		整合、反映共性和差异、激发新创意、脑图
人际关系与团队技能	名义小组		促进头脑风暴、投票、优先排序、5分制、数轮
	观察（工作跟随）和交谈		"工作跟随"难以或不愿清晰说明、挖掘隐藏的需求
	引导		与主题研讨会结合使用、跨职能、不同部门、协调相关方差异
系统交互图	—		拓扑图、可视化
原型法	—		支持渐进明细的理念，如故事板，能减轻返工风险，步骤（反复循环）包括：模型创建、用户体验、反馈收集、原型修改（可能需要走变更流程）

1. 数据收集（Data Gathering）

数据收集技术包括头脑风暴、访谈、焦点小组、问卷调查、标杆对照等。

（1）头脑风暴（Brainstorming），是一种用来产生和收集项目需求与产品需求的创意技术。

【Tips】：在项目管理中，头脑风暴方法应用在整合管理（制定项目章程、指导项目管理工作）、范围管理（收集需求）、质量管理（规划质量管理）、相关方管理（识别相关方）、风险管理（识别风险）。

（2）访谈（Interview），是通过与相关方直接交谈，来获取信息的正式或非正式的方法。访谈的典型做法是向被访者提出预设和即兴的问题，并记录他们的回答。访谈经常是一个访谈者和一个被访者之间的"一对一"谈话，但也可以包括多个访谈者和/或多个被访者。访谈有经验的项目参与者、发起人和其他高管，以及主题专家，有助于识别和定义产品所需交付成果的特征和功能。访谈也可用于获取机密信息。

【Tips】：在项目管理中，访谈方法应用在整合管理（制定项目章程、指导项目管理工作）、范围管理（收集需求）、风险管理（定性风险分析、定量风险分析、识别风险）。

（3）焦点小组（Focus Groups），是召集预定的相关方和主题专家，了解他们对所讨论的产品、服务或成果的期望和态度。由一位受过训练的主持人引导大家进行互动式讨论。焦点小组往往比"一对一"的访谈更热烈。

> 【Tips】：在项目管理中，焦点小组方法应用在整合管理（制定项目章程、指导项目管理工作）、范围管理（收集需求）。

（4）问卷调查（Surveys），是设计一系列书面问题，向众多受访者快速收集信息。

> 【Tips】：问卷调查方法最适用的情况：受众多样化，需要快速完成调查，受访者地理位置分散，并且适合开展统计分析。

> 【Tips】：在项目管理中，问卷调查方法应用在范围管理（收集需求）、质量管理（控制质量）、相关方管理（识别相关方）。

（5）标杆对照（Benchmarking），是将实际或计划的产品、过程和实践，与其他可比组织的实践进行比较，以便识别最佳实践，形成改进意见，并为绩效考核提供依据。其中，可比组织可以是内部的，也可以是外部的。

> 【Tips】：在项目管理中，标杆对照方法应用在范围管理（收集需求）、质量管理（规划质量管理）。

2. 数据分析（Data Analysis）

数据分析技术包括文件分析。文件分析（Document Analysis）是通过分析现有文件，识别与需求相关的信息来获取需求。文件分析包括审核和评估任何相关的文件信息。

> 【Tips】：在项目管理中，文件分析方法应用在整合管理（结束项目）、范围管理（收集需求）、质量管理（管理质量）、相关方管理（识别相关方）、风险管理（识别风险）。

3. 决策（Decision Making）

决策技术包括投票、独裁型决策制定、多标准决策分析。

（1）投票（Voting），是一种为达成某种期望结果，而对多个未来行动方案进行评估的集体决策技术和过程。本技术用于生成、归类和排序产品需求。投票结果有以下三种情况：

① 一致同意（Unanimity），所有人都同意某个行动方案。

② 大多数同意（Majority），获得群体中 50%以上的人的支持，就能做出决策。参与决策的人数定为奇数，防止因平局而无法做出决策。

③ 相对多数同意（Plurality），根据群体中相对多数者的意见作出决定，即便未能获得一部分人的支持，通常在候选项超过两个时使用。

【例 3-11】：某个软件构件的功能有 3 种实现方案（标记为 A，B，C），在群体决策时，同意 A 方案的人有 40%，同意 B 方案的人有 35%，同意 C 方案的人有 25%，则最终确定采用 A 方案。

（2）独裁型决策制定（Dictatorship Decision Making），由一个人负责为整个集体制定决策。

（3）多标准决策分析（Multi-Criteria Decision Analysis），借助决策矩阵，用系统分析方法建立诸如风险水平、不确定性和价值收益等多种标准，以对众多创意进行评估和排序。

4. 数据表现（Data Representation）

数据表现技术包括亲和图、思维导图等。

（1）亲和图（Affinity Diagrams），用来对大量创意进行分组的技术，以便进一步审查和分析。这个方法也用在质量管理领域。

【Tips】：在项目管理中，亲和图应用在范围管理（收集需求）、质量管理（规划质量管理、管理质量）。

（2）思维导图（Mind-Mapping），把从头脑风暴中获得的创意整合成一张图，用以反映创意之间的共性与差异，激发新创意。

【Tips】：在项目管理中，思维导图应用在范围管理（收集需求）、质量管理（规划质量管理）、相关方管理（规划相关方参与）。

5. 人际关系与团队技能（Interpersonal Skills）

人际关系与团队技能包括名义小组技术、观察和交谈、引导。

（1）名义小组技术（Nominal Group Technique），是用于促进头脑风暴的一种技术，通过投票排列得出最有用的创意，以便进一步开展头脑风暴或优先排序。名义小组技术是一种结构化的头脑风暴形式，包括以下四个步骤：

① 向集体提出一个问题或难题，每个人在沉思后写出自己的想法；

② 主持人在活动挂图上记录所有人的想法；

③ 集体讨论各个想法，直到全体成员达成一个明确的共识；

④ 个人私下投票决出各种想法的优先排序，通常采用 5 分制，1 分最低，5 分最高。为集中关注重点想法，可进行数轮投票。每轮投票后，都将清点选票，得分最高者被选出。

（2）观察和交谈（Observations/Conversations），是指直接察看个人在各自的环境中如何执行工作（或任务）和实施流程。当产品使用者难以或不愿清晰说明他们的需求时，就特别需要通过观察来了解他们的工作细节。

【Tips】：观察，也称为"工作跟随"，通常由旁站观察者观察业务专家如何执行工作，但也可以由"参与观察者"来观察，通过实际执行一个流程或程序，来体验该流程或程序是如何实施的，以便挖掘隐藏的需求。

（3）引导（Facilitation），与主题研讨会结合使用，把主要相关方召集在一起定义产品需求。适合采用引导技能的情境包括（但不限于）：

① 联合应用设计或开发（JAD，Joint Application Development），适用于软件开发行业。这种研讨会注重把业务主题专家和开发团队集中在一起，以收集需求和改进软件开发过程。

② 质量功能展开（QFD，Quality Function Deployment）。制造行业则采用 QFD 这种引导技能来帮助确定新产品的关键特征。QFD 从收集客户需要（又称"客户声音"）开始，然后客观地对这些需要进行分类和排序，并为实现这些需要而设定目标。

③ 用户故事，是对所需功能的简短文字描述，经常产生于需求研讨会。用户故事描述某个相关方将从功能中受益（角色），他需要实现什么（目标），以及他期望获得什么利益（动机）。

【Tips】：引导是一种艺术，也是一种科学，它能帮助群体更有效的研讨并做出决策。引导所使用的工具和流程能鼓励大家利用不同的背景、价值观、兴趣及能力，做出更高质量的决策、提升生产力、改善团队动力。简而言之，引导技术是一种基于结构化议程，运用脑科学和心理学工具激发参会者参与、交互、共识，进而达成高质量决策的研讨过程。

5. 系统交互图（Context Diagram）

系统交互图是专属于范围管理中收集需求过程的技术，它是对产品范围的可视化描述，显示系统（过程、设备、信息系统等）与参与者（用户、独立于本系统之外的其他系统）之间的交互方式。系统交互图显示了业务系统的输入、输入提供者、业务系统的输出和输出接收者。

【例 3-12】：软件需求分析中的数据流图（DFD，Data Flow Diagram）、用例图（Use Case Diagram）都可以看作是系统交互图。

6. 原型法（Prototypes）

原型法指在实际制造预期产品之前，先造出该产品的模型，并据此征求对需求的早期反馈。

因为原型是有形的实物，它使得相关方可以体验最终产品的模型，而不是仅限于讨论抽象的需求描述。原型法支持渐进明细的理念，需要经历从模型创建、用户体验、反馈收集到原型修改的反复循环过程。在经过足够的反馈循环之后，就可以通过原型获得足够的需求信息，从而进入设计或制造阶段。

【例 3-13】：原型包括微缩产品、计算机生成的二维和三维模型、实体模型或模拟。

故事板（Storyboard）是通过一系列图像或图示来展示顺序或导航路径的原型技术。故事板用于各种行业的各种项目中。

【例 3-14】故事板用于电影、广告、教学设计，以及敏捷和其他软件开发项目。在软件开发中，故事板使用实体模型来展示网页、屏幕或其他用户界面的导航路径。

3.3.3　收集需求的输出

收集需求过程的主要输出有需求文件和需求跟踪矩阵。

1. 需求文件（Requirements Documentation）

描述各种单一需求将如何满足项目相关的业务需求。一开始可能只有高层级的需求，然后根据有关需求信息的增加而逐步细化。只有明确的（可测量和可测试的）、可跟踪的、完整的、相互协调的且主要相关方愿意认可的需求，才能作为基准。

【Tips】：需求文件的格式多种多样，既可以是一份按相关方和优先级分类列出全部需求的简单文件，也可以是一份包括内容提要、细节描述和附件等的详细文件。

2. 需求跟踪矩阵（Requirements Traceability Matrix）

需求跟踪矩阵是把产品需求从其来源连接到能满足需求的可交付成果的一种表格。使用需求跟踪矩阵，把每个需求与业务目标或项目目标联系起来，有助于确保每个需求都具有商业价值。需求跟踪矩阵提供了在整个项目生命周期中跟踪需求的一种方法，有助于确保需求文件中被批准的每项需求在项目结束时都能交付，还为管理产品范围变更提供了框架。

【Tips】：需求跟踪矩阵中可以定义产品元素类型间一对一、一对多和多对多的关系。

3.4　定义范围

定义范围（Define Scope）是明确项目和产品详细描述的过程。作用是描述产品、服务或成果的边界和验收标准。

【Tips】：定义范围过程就是一个将高层级需求渐进分解的过程。

【Tips】：在迭代型生命周期的项目中，需要多次反复开展定义范围过程：先为整个项目确定一个高层级的愿景；再一次针对一个迭代期明确细化范围；随着当前迭代期的项目范围和可交付成果的进展，进而详细规划下一个迭代期的工作。

3.4.1 定义范围的工具与技术

定义范围的四大主要工具与技术有专家判断、产品分析、备选方案生成和引导式研讨会。下面主要介绍一下产品分析和备选方案生成。

1. 产品分析（Product Analysis）

产品分析可用于定义产品和服务，包括针对产品提问并回答，形成对将要开发的产品的用途、特征和其他方面的描述。每个应用领域都有一种或几种普遍公认的方法，用以将高层级的产品描述转变为有形的可交付成果。产品分析技术包括产品分解、系统分析、需求分析、系统工程、价值工程和价值分析等。

（1）产品分解。工作分解结构（WBS，Work Breakdown Structure）就是一种典型的产品分解技术。

【扩展资料 3-3】：分解结构一般采用自上而下的分解树的形式，将一个模块逐层分解为多个模块。常见的分解结构包括：产品分解结构（PBS，Product Breakdown Structure）；工作分解结构（WBS，Work Breakdown Structure）；组织分解结构（OBS，Organization Breakdown Structure）；成本分解结构（CBS，Cost Breakdown Structure）。

（2）价值工程（Value Engineering）与价值分析（Value Analysis）都是指对项目的范围和成本进行分析，以便在保持项目范围不变的前提下，降低项目成本，追求功能与成本之间的更高的性价比。

【扩展资料 3-4】：价值工程与价值分析的细微差别，一般情况下，二者不做区分。价值工程是在产品开发设计阶段进行的价值与成本革新活动。而一旦开始量产后，往往由于成本或利润压力，如果不进行详尽的价值分析，就难以发掘可以降低成本或提高价值的改善点。此阶段以后持续的分析是降低成本的主要方法，就称为价值分析。

2. 备选方案生成（Alternatives Generation）

备选方案生成是一种用来指定尽可能多的潜在可选方案的技术，用于识别执行项目工作的不同方法。

许多通用的管理技术都可用于生成备选方法，如头脑风暴、横向思维、备选方案分析等，其中：

（1）备选方案分析（Alternative Analysis）是一种对已识别的可选方案进行评估的技术，用来决定选择哪种方案或使用何种方法来执行项目工作。

（2）横向思维（Lateral Thinking）又称为戴勃诺理论、发散思维、水平思维，是指思维的广阔度，它要求人们能全面地观察问题，从事物多种多样的联系中去认识事物，它不一定是有顺序的，同时也是不能预测的。

> 【扩展资料3-5】：与横向思维相对应的是纵向思维（Vertical Thinking），纵向思维是指在一种结构范围内，按照有顺序的、可预测的、程序化的方向进行的思维形式，这是一种符合事物发展方向和人类认识习惯的思维方式，遵循由低到高、由浅到深、由始到终的线索，因而清晰明了，合乎逻辑。

3.4.2 项目范围说明书

1. 项目范围说明书的内容

作为定义范围过程的主要成果，项目范围说明书（Project Scope Statement）是对项目范围、主要可交付成果、假设条件和制约因素的描述。

项目范围说明书记录了整个范围，包括项目范围和产品范围，详细描述项目的可交付成果，以及为提交这些可交付成果而必须开展的工作。项目范围说明书的编制，对项目成功至关重要。项目范围说明书描述要做和不要做的工作的详细程度，决定着项目管理团队控制整个项目范围的有效程度。项目范围说明书包括以下内容。

（1）产品范围描述（Scope Description），逐步细化在项目章程和需求文件中所描述的产品、服务或成果的特征。

（2）验收标准（Acceptance Criteria），定义可交付成果通过验收前必须满足的一系列条件，以及验收的过程。

（3）可交付成果（Deliverable），既包括组成项目产品或服务的各种结果，也包括各种辅助成果，如项目管理报告和文件，对可交付成果的描述可详可简。

（4）项目的除外责任（Excluded Liability），通常需要识别出什么是被排除在项目之外的，明确说明哪些内容不属于项目范围，有助于管理干系人的期望。

（5）制约因素（Constraint），列出并说明与项目范围有关且限制项目团队选择的具体项目制约因素。例如，客户或执行组织事先确定的预算、强制性日期或强制性进度里程碑。如果项目是根据协议实施的，那么协议条款通常也是制约因素。

（6）假设条件（Assumption），是指在制订一计划时，不须验证即可视为正确、真实或确定的因素。在项目范围说明书中，需要列出并说明与项目范围有关的具体项目假设条件，以及万一不成立而可能造成的后果。在项目规划过程中，项目团队应该经常识别、记录并验证假设条件。

2. 项目范围说明书的作用

（1）确定范围。项目范围说明书描述了可交付成果和所要完成的工作。

（2）沟通基础。项目范围说明书表明了项目相关方之间就项目范围所达成的共识。为了便于管理相关方的期望，项目范围说明书可明确指出哪些工作不属于本项目范围。

（3）规划和控制依据。项目范围说明书使项目团队能开展更详细的规划，并可在执行过程中指导项目团队的工作。

（4）变更基础。项目范围说明书为评价变更请求或额外工作是否超出项目边界提供基准。

（5）规划基础。在项目范围说明书的基础上，其他计划也将被编制出来，它同时还是滚动式规划的基础。

【扩展资料3-6】：项目章程和项目范围说明书的区别：两者的内容有一定的重叠，但它们的详细程度完全不同。项目章程包括高层级的信息，而项目范围说明书则是对项目范围的详细描述。项目范围说明书需要在项目过程中渐进明细，而项目章程一般保持不变。项目章程、项目范围说明书和项目管理计划的比较如表3-3所示。

表 3-3　项目章程、项目范围说明书和项目管理计划的比较

文件名	项目章程 （Project Charter）	项目范围说明书 （Project Scope Statement）	项目管理计划 （Project Management Plan）
主要作用	Whether or not? 做不做？	What? 做什么？	How? 怎么做？
所在过程组	启动过程组： 制定项目章程	规划过程组： 定义范围	规划过程组： 制定项目管理计划
作用	正式授予项目成立	要完成什么工作； 要产生什么可交付成果	说明项目工作如何执行
说明	发起人编制，项目经理参与（或被授权代编），启动者签发	项目经理根据章程与工作说明书编制，表明相关方共识	项目经理编制，团队及相关方协助并提交

---

3. 项目范围说明书的编写

项目范围说明书的编写基于 KISS（Keep it Simple and Shot）原则。KISS 原则是指在做事的时候应保持简洁，不要把本来简单的事情复杂化，不多做任何不必要的事情，但也不少做任何必要的事情。

项目范围说明书中应注意的重点包括术语概念、工作范围和免责条款。

（1）术语概念：目的在于为项目干系人提供一个共同的语言和理解框架。在项目的实施过程中，不同的人可能对于特定术语有不同的理解，甚至产生误解和分歧。通过明确解释和定义术语，可以有效地消除沟通障碍，降低信息传递风险，确保项目各方对于术语含义的一致性理解。术语概念还有助于避免在项目推进过程中出现混淆，从而减少误操作和错误决策的可能性。

（2）工作范围：需要明确列出项目的具体任务、活动和交付成果，确保项目团队和干系人对于项目工作内容的理解一致。工作范围的详细描述有助于避免项目任务的重复或遗漏，同时也有助于控制项目的范围，防止项目范围的不必要扩展。

【例 3-15】：某投资咨询公司受聘于一家 IT 企业，作为一项资产并购案的财务顾问。双方谈定顾问费用先付一半，另一半在工作完成之后支付。咨询公司在提交了资产兼并方案之后，就认为已经完成了工作，希望 IT 公司支付顾问费余款，但是 IT 企业却认为作为咨询顾问公司还需要参加后续的谈判过程，在该并购案得到对方的认可之后，才算完成工作。双方因为没有在协议中将项目的工作范围界定清楚而产生了矛盾。

（3）免责条款：用于明确项目团队和干系人在项目工作范围内的权责，防止项目争议或误解。在免责条款中，需要明确指出项目的局限性，即项目所覆盖的工作范围，以及项目团队对于无法控制的因素（如不可抗力、外部环境变化等）所承担的有限责任。免责条款的存在有助于保护项目团队的合法权益，同时也有助于项目的稳定和顺利实施。

3.5　创建 WBS

创建 WBS（Create WBS）是把项目可交付成果和项目工作分解成较小、更易于管理的组件的过程，为所要交付的成果提供架构。

3.5.1　工作分解结构 WBS 的定义

分解（Breakdown）是一种把项目范围和项目可交付成果逐步划分为更小、更便于管理的组成部分的技术。

工作分解结构（Work Breakdown Structure, WBS）是将项目的任务按照一定逻辑进行逐层分解，分解到可预测、可管理的单个活动的一种工具。不可分割部分称为工作包（Work Package）。因为事情总是通过一系列最小的行动来完成的，合理地分解目标和任务是行事有效的保障。同时，理出一个清晰的、可执行的结构是有条不紊推进项目的关键。

【Tips】：工作包是 WBS 最底层的工作，可对其成本和持续时间进行估算和管理。分解的程度取决于所需的控制程度，以实现对项目的高效管理。工作包的详细程度因项目规模与复杂程度而异。

WBS 分解步骤通常是由项目到任务，再将任务分解为工作，最后将工作拆分到日常活动中去，每下降一层代表对项目工作的更详细定义。项目范围说明书是项目分解的直接依据。

【Tips】：WBS 的关键特征是以可交付成果而非任务或活动为导向。也就是说，WBS 是要交付什么，为了完成这些成果，需要哪些工作去实现，而不是怎样交付。构成 WBS 的是工作，而不是项目的成果。

【Tips】：WBS 的编制需要所有（主要）项目相关方的参与，需要项目团队成员的参与。各项目相关方站在自己的立场上，对同一个项目可能编制出差别较大的 WBS。项目经理应该组织他们进行讨论，以便编制出一份大家都能接受的 WBS。

3.5.2 工作分解结构的作用

WBS 是将项目工作范围转化为产出项目交付物的工作包层级结构，也是一种将项目工作和交付物细分为更多的、可管理部分的技术。WBS 的作用包括：

（1）确定项目范围：明确和准确说明项目的范围。

（2）分配项目工作：为各独立单元分派人员，规定这些人员的相应职责。

（3）预估项目成本：针对各独立单元，进行时间、费用和资源需要量的估算，提高时间、费用和资源估算的准确度。

（4）把控项目进度：为计划、成本、进度计划、质量、安全和费用控制奠定共同基础，确定项目进度测量和控制的基准，确定工作内容和工作顺序。

（5）转换项目价值：将项目工作与项目的财务账目联系起来。

3.5.3 创建 WBS 的原则和步骤

创建工作分解结构 WBS 需要坚持 4 个原则：100%原则、元素互斥、围绕产出、工作包颗粒度。这些原则有助于确保项目的范围明确、工作清晰、进展可控，使团队能够更好地组织、执行和控制项目，最终提高项目执行的效率、质量和成功的可能性。

（1）100%原则。WBS 需要 100%覆盖项目的可交付物，所有下一级的元素之和必须 100%的代表上一级元素。如果 WBS 没有覆盖全部的项目可交付成果，那么最后提交的产品或服务是无法让用户满意的。

【Tips】：WBS 中任何工作都似乎必须做。如果有多余的，必须经过变更控制程序把它去掉，才能不做。WBS 之外的任何工作都不做。如果要做，必须经过变更控制程序把它加进去。

（2）元素互斥。WBS 中各个元素是相互独立不交叉的，即某项任务应该在 WBS 中的一个地方且只应该在 WBS 中的一个地方出现。同时，一个 WBS 项只能有一个责任人，即使许多人都可能在其中工作，也只能由一个人负责，其他人只能是参与者。

（3）围绕产出（面向可交付成果）。WBS 中的各项工作是为提供可交付的成果服务的。在列举 WBS 工作包时，要按照期望的产出物进行，不能只是规划行动事件。WBS 必须与实际工作中的执行方式一致，才能对项目进行指导，同时应让项目团队成员积极参与创建 WBS，以确保 WBS 内容的一致性。每个 WBS 项都必须文档化，以确保准确理解已包括和未包括的工作范围。WBS 必须在根据范围说明书正常地维护项目工作内容的同时，适应无法避免的变更。

【Tips】：WBS 并没有明确地要求重复循环的工作，但有些工作可能要进行多次。最明显的例子是软件测试，软件必须经过多次测试后才能作为可交付成果。

（4）工作包颗粒度。将项目范围划分成小而可管理的单元，确保每个工作包都有明确的可交付成果，可分配给相关成员，责任到人。

【Tips】：WBS 主要考虑的问题是"要做什么"，如果你开始考虑"如何去做"，那说明你已经走得太远。

【Tips】：WBS 分解的原则：横向到边和纵向到底原则。横向到边即百分之百原则，指 WBS 分解不能出现漏项，也不能包含不在项目范围之内的任何产品或活动。纵向到底指 WBS 分解要足够细，以满足任务分配、检测及控制的目的。

WBS 的创建过程主要分为以下 8 个步骤：

第一步：提出需求。获取用户提出需求时的初始需求文档。

第二步：需求确认。项目组成员参加需求讨论会议，确认项目主要工作及项目分解方式。

第三步：分解项目。如果有模板，可以尽量利用。

第四步：Sitemap 制作。画出 WBS 的层次结构图。

第五步：制作详细的 WBS。将项目细分，详细到可以对工作包进行估算（成本和历时）、安排进度、做出预算、分配负责人员或组织单位。

第六步：WBS 审查。验证上述分解的准确性。

第七步：确认 WBS 版本。建立一个编号系统。

第八步：WBS 更新。随着其他计划活动的进行，不断修正 WBS，直到覆盖所有工作。

【Tips】：WBS 并非是一成不变的。在完成了 WBS 之后的工作中，仍然有可能需要对 WBS 进行修改。如果没有合理的范围控制，仅仅依靠 WBS 会使得后面的工作僵化。在一些参考文献中，这个问题被称为滚动分解原则。

在实际分解过程中，需要注意以下问题：

（1）不要把工作分解结构变成物品清单：分解出的工作包应是一项项的行动，而不能用名词来表达。

（2）不要考虑活动之间的先后顺序：工作分解结构的目的是清楚地界定实现项目目标所需执行的具体活动，并不关心究竟先做哪个、后做哪个。活动之间的先后顺序等到确定关键路径时再考虑。

（3）不要试图去做画蛇添足的事：如果你以小时为单位来分解工作，而你又无法把工作控制到这个程度，那你不妨将工作分解到以天或周为单位就打住，否则，既浪费了时间，又办不成事情。

【Tips】：作为指导性建议而不是硬性原则，WBS 应控制在 4~6 层。如果项目规模比较大，以至于 WBS 要超过 6 层，此时，可以使用项目分解结构将大项目分解成子项目，然后针对子项目来做 WBS。每个级别的 WBS 将上一级的一个元素分为 4~7 个新的元素，同一级的元素的大小应该相似。任务完成时间一般不超过 2 周，以 80 小时/周为界线。

【扩展资料 3-7】：在分解结构中有 3 个术语：工作包、控制账户和规划包。

工作包（Work Package）：WBS 的最低层级是带有独特标识号的工作包。这些标识号构成了账户编码，为进行成本、进度和资源信息的逐层汇总提供了层级结构。工作包对相关活动进行归类，便于进度安排、估算、监督与控制工作的开展。

控制账户（Control Account）：是一个管理控制点，在该控制点上，把范围、预算和进度加以整合，并与挣值比较，以测量绩效。控制账户一般包含两个或更多工作包，但每个工作包只与一个控制账户关联。

规划包（Planning Package）：一个控制账户可以包含一个或多个规划包，其是一种低于控制账户而高于工作包的工作分解结构组件，工作内容已知，但详细的进度活动未知。因此，当前无法分解到编制项目管理计划所需要的详细程度，规划包是暂时用来做计划的。随着情况的逐渐清晰，规划包最终将被分解成工作包以及相应的具体活动。

3.5.4 工作分解的方式和方法

1. 工作分解的方式

WBS 的核心思路是解剖问题，然后逐个击破，是一个将复杂的问题简单化的过程。WBS 分解的依据可以是产品物理结构、产品或项目的功能、实施过程、项目地域分布、项目各个目标、部门或职能，也可用交付、产品零件、阶段、主要任务等来划分。

（1）按产品的组成分解。这种分解方式主要是根据项目的物理组成部分或技术组件进行分解，适用于工程项目或涉及硬件开发的项目。

【例 3-16】：一个建筑项目，可按照建筑的不同部分，如地基、框架、外墙、内部装修等进行分解。

一款智能手表，可以按组成分解为"外壳设计""显示屏开发""电池与充电系统""传感器集成"等。每个组成部分再细化，如"显示屏开发"可以进一步分解为"选择显示技术""屏幕分辨率设计""触摸屏集成"等。

（2）按产品或项目的功能分解。这种分解方式是根据产品的功能或项目的目标来进行划分。这种分解方式有助于确保每个功能模块的开发和测试都能按照预定计划进行，从而保证最终产品的功能完整性。

【例 3-17】：在一个软件开发项目中，可能会按照软件的不同功能模块，如用户界面、数据处理、系统管理、安全防护等来进行工作分解。

开发某电子商务网站，可按功能分解为"用户注册与登录系统""商品展示与搜索功能""购物车与结算系统""客户支持系统"等。每个功能模块再进一步分解，如"购物车与结算系统"可以包括"添加商品到购物车""计算订单金额""支付接口整合"等小任务。

（3）按实施过程分解，适用于需要按照一定步骤完成的项目。

【例 3-18】：生产流程改进项目，可以按照需求分析、设计、开发、测试、部署等阶段进行分解。

（4）按照项目的地域分布分解。对于跨地域的项目，可以根据不同地区的工作内容进行分解，便于地区间的协调和管理。

【例 3-19】：某工程项目，可以根据项目所在区域进行分解，如国内外、南北区、各省或各市等。

（5）按照项目的各个目标分解。对于有多重目标的项目，可根据不同的目标进行分解。

【例 3-20】：市场推广活动，可以根据不同的营销目标，如提高品牌知名度、增加销售额等进行分解。

（6）按部门分解和按职能分解。这两种方式适用于大型组织，可以根据不同的部门职责或职能需求进行工作分解，确保各部门之间的协同工作。

【例 3-21】：在一个大型 IT 项目中，可按组织分解为"产品开发团队""市场推广团队""销售支持团队""客户服务团队"。每个团队进一步分解各自的任务，如"产品开发团队"可分解为"软件设计""硬件集成""系统测试"等。

这些分解方式的选择取决于项目的具体性质和目标，以及组织的结构和能力。通过合理的分解，可以确保项目管理的有效性，提高工作效率，确保项目按时按质完成。

2. 工作分解的方法

WBS 分解的方法主要有以下 4 种，这 4 种方法的优缺点如表 3-4 所示。

（1）自上而下的方法（Top-down）。从项目的目标开始，逐级分解项目工作，直到参与者满意地认为项目工作已经充分得到定义。该方法适用于不熟悉或不十分了解项目的特性，没有合适模板的情况。该方法有利于生成项目现状报告，确保结构合乎逻辑，能够利用头脑风暴发现可交付成果和便于添加新的可交付成果。此方法的挑战在于需要持续关注，确保没有遗漏工作包，同时需要将 WBS 划分充分，便于监控和管理。

（2）自下而上的方法（Bottom-up）。从详细的任务开始，逐级归类到上一层次，直到达到项目目标。本质上是从所有可交付成果和工作内容开始倒推到项目起点，能够确保包含所有的工作包。但是自下而上的方法需要在编制之前确定所有的可交付成果，容易造成较大的疏忽，同时用该方法构建 WBS 是要确保工作包的汇总整合符合逻辑关系。

（3）WBS 标准和模板。这种分解方法的优点在于格式固定，增强了不同项目的一致性，有利于确定需要细化的程度，保证工作分解结果不出现较大偏差。但这个方法对项目的要求较高，需要项目符合使用标准，同时可能会包括一些不必要的或者遗漏一些必要的可交付成果，因此不适用于所有项目。

（4）反复法。这是一种灵活的分解方法，通常在项目团队需要更多深入地了解和洞察项目时采用。反复法涉及不断地审视和修改 WBS，以确保工作包的定义和组织在整个项目期间保持准确和合理。这个方法强调在 WBS 的制定过程中进行持续的反馈和修订，以适应项目的变化和发展。其优势在于能够逐步细化和完善 WBS，确保没有遗漏工作包，并在项目进行过程中不断校准和调整 WBS 的层次结构，以适应项目的实际需求和变化。但同时，要求项目团队需要保持灵活性和高度协作，以便随时调整 WBS，使其与项目目标保持一致性。

表 3-4　WBS 分解方法的优缺点

方法	优点	挑战
自上而下	有利于项目现状报告； 有利于确保结构合乎逻辑； 有利于头脑风暴，发现可交付成果； 有利于添加新的可交付成果	要持续关注，保证没有遗漏工作包； 要将 WBS 划分到充分细化的层次，便于管理层监控
自下而上	从所有可交付成果和工作内容开始倒推到项目； 保证包含了所有的工作包	要在编制之前确定所有的可交付成果； 要确保工作包的汇总整合合乎逻辑； 容易疏忽大的方面
WBS 标准	格式固定； 增强了不同项目的一致性	要求项目符合标准； 可能会包括不必要的或遗漏一些可交付成果； 不适合所有项目
WBS 模板	为创建 WBS 提供了一个起点； 有利于确定需要的细化程度； 增强了不同项目的一致性	同上

3.5.5 工作分解的形式

工作分解的形式多种多样，比较常见的有树形图、目录式和表格式 3 种，如图 3-1 所示。结构图/树形图的形式类似于组织机构图的形式，树形结构的 WBS 层次清晰、直观、结构性很强，但不是很容易修改，对于大型、复杂的项目也很难表现出项目的全景。目录清单/大纲式的形式采用直线排列方式，从上往下排列，上面一层是大任务，下面一层是完成大任务的具体活动、更详细的工作内容，能反映项目所有的工作要素，但直观性较差。表格式和目录式的结构基本一致，最大的区别在于将内容在表格中通过分级表示了出来。

第一级	第二级	第三级
1 项目		
	1.1 活动	
		1.1.1 任务
		1.1.2 任务
	1.2 活动	
	1.3 活动	

（a）树形图　　　　　　　（b）目录式　　　　　　　（c）表格式

图 3-1　工作分解结构的形式

工作分解结构 3 种形式的比较如表 3-5 所示。

表 3-5　工作分解结构 3 种形式的比较

工作分解的形式	树形图	目录式	表格式
所需软件	WBS Chart, Pro.Mindview Microsoft Visio 等	文字处理器	电子表格
编制速度	取决于使用的软件	快速	非常快
创建和维护便利性	取决于使用的软件	正常	最方便
组件名称长度	通常仅限于短名称	如果需要允许很长	如果需要允许很长
沟通	很适合	正常	正常至很好，取决于格式
打印	适合至困难，取决于软件	适合打印	适合打印

3.5.6 范围基准

范围基准（Scope Baseline）是经过批准的范围说明书、WBS 和 WBS 词典。只有通过正式的变更控制程序才能进行变更，它被用作为项目范围比较的基础。对项目成功与否的判断取决于是否达到了项目的要求和是否达到项目范围基准。范围基准是项目管理计划的组成部分。范围说明书、WBS 和 WBS 词典的比较如表 3-6 所示。

WBS 词典是在创建 WBS 过程中产生并用于支持 WBS 的文件。WBS 词典对 WBS 组成部分（包括工作包和控制账户）进行更详细的描述。

【Tips】：WBS 相当于名词汇编，WBS 词典相当于名词解释。如果没有 WBS 词典，人们无法真正看懂 WBS。

表 3-6　范围说明书、WBS 和 WBS 词典的比较

文件名称	目的	范围描述	其他信息	范围变更作用
范围说明书	为项目的进行提供范围基础，主要是项目相关者之间就项目范围达成共识	粗略	有，项目必要性、目标、假设条件和制约因素等	作用较小，颗粒度略粗
WBS	确定项目边界，明确项目中包含和不包含的活动	详细	无	十分重要，范围变更的对照基础
WBS 词典	对 WBS 中记录的各个组件进行详细说明	详细	有，各要素的描述、资源要求等	重要，范围变更中用来进行具体对比，包含比 WBS 更多的细节

3.6　确认范围

确认范围（Validate Scope）是正式验收已完成的项目可交付成果的过程。本过程的主要作用是使验收过程具有客观性；同时，通过确认每个可交付成果，来提高最终产品、服务或成果通过验收的可能性。本过程应根据需要在整个项目期间定期开展。

确认范围应该贯穿项目的始终。如果是在项目的各个阶段对项目的范围进行确认，则还要考虑如何通过项目协调来降低项目范围改变的频率，以保证项目范围的改变是有效率和基于事实的。

通常情况下，在确认范围前，项目团队需要先进行质量控制工作。确认范围过程与质量控制过程的不同之处在于：确认范围过程关注可交付成果的验收，而质量控制过程关注可交付成果的正确性以及是否满足质量要求。控制质量过程通常先于确认范围过程，但二者也可同时进行。

【例 3-22】：在确认软件项目的范围之前，需要进行系统测试等工作，以确保工作的顺利完成。

进行范围确认时，一般需要检查以下问题：

（1）可交付成果是否是确定的、可确认的。

（2）每个可交付成果是否有明确的里程碑，里程碑是否有明确的、可辨别的事件，如客户的书面认可等。

（3）可交付成果是否有明确的质量标准。交付标准不但要有明确的完成标志，而且要有是否按照要求完成的标准，可交付成果和其标准之间是否有明确联系。

（4）对可交付成果的审核和承诺是否有清晰的表达。项目发起人必须正式同意项目的边界，项目完成后的产品或者服务，以及项目相关的可交付成果。

（5）项目范围是否覆盖了需要实现的产品或服务的所有活动，有没有遗漏或错误。

（6）项目范围的风险是否太高，管理层是否能够降低风险发生时对项目的影响。

3.7　控制范围

控制范围（Control Scope）是监督项目和产品的范围状态，管理范围基准变更的过程。本过程的主要作用：在整个项目期间保持对范围基准的维护，且需要在整个项目期间进行。

确保所有变更请求、推荐的纠正措施或预防措施都通过实施整体变更控制过程处理。在变更实际发生时，也要采用控制范围过程来管理这些变更，并与其他控制过程协调开展。由于变更不可避免，因此每个项目都必须强制实施某种形式的变更控制。

未经控制的产品或项目范围的扩大（未对时间、成本和资源做相应调整）被称为范围蔓延（Scope Creeping），主要分为两类：狭义的范围蔓延（也称为"范围爬行"）和由项目团队主动引起的"镀金"。

狭义的范围蔓延特指在客户的要求下，项目范围发生了扩大，但这种扩大并未遵循正常的范围变更控制程序。这通常发生在客户不断提出新的需求或修改现有需求，而项目团队未能有效管理这些变更，导致项目范围逐渐失控。范围爬行往往让项目团队陷入被动，因为每一次小的变更都可能累积成大的问题，最终影响项目的进度、成本和质量。

"镀金"则是由项目团队主动发起的范围扩大。它表现为团队在定义的工作范围之外，出于好意或追求完美的心理，主动增加了额外的工作。这些工作可能包括应用新技术、新方法或新标准，以期望交付超出客户期望的成果。然而，如果没有经过正式的范围控制程序，这种"镀金"行为同样会导致范围蔓延，因为额外的工作会消耗时间、成本和资源，进而影响项目的整体计划。"镀金"和"范围爬行"的共同之处在于，它们都没有经过整体变更控制程序就导致了项目范围的变化。为了有效管理范围蔓延，项目团队需要建立明确的范围变更控制流程，确保所有变更都经过评估、批准和相应的资源调整。同时，团队还需要与客户保持密切的沟通，确保双方对项目范围有清晰的认识和共识。

确认范围关注的是单个或一组可交付成果的验收情况，而控制范围则更侧重于整个项目范围的管理和控制，确保项目范围在整个项目生命周期中保持一致，并管理范围变更。控制范围与确认范围的区别如表 3-7 所示。

可在本过程更新的项目文件包括（但不限于）：

（1）经验教训登记册：更新经验教训登记册，以记录控制范围的有效技术，以及造成偏差的原因和选择的纠正措施。

（2）需求文件：可以通过增加或修改需求而更新需求文件。

（3）需求跟踪矩阵：应该随同需求文件的更新而更新需求跟踪矩阵。

表 3-7　控制范围和确认范围的区别

区别点	确认范围	控制范围
目标	验证项目可交付成果是否符合项目范围说明书和相关者的要求，并通过相关者的正式验收	维护项目范围基准，管理范围变更，确保所有变更都按照既定的变更管理流程进行处理
关注点	单个或一组可交付成果的验收情况	整个项目范围的变化和稳定性
执行时机	通常在项目执行阶段，当可交付成果完成时进行	贯穿整个项目生命周期，特别是项目执行阶段
实施主体	客户或发起人	项目经理
关键活动	提交可交付成果给相关者进行审查；收集相关者的反馈；根据反馈进行必要的调整；通过相关者的正式验收	监控项目范围的变化；评估变更请求；与相关者沟通变更的影响；批准或拒绝变更请求；调整项目计划以反映批准的变更
主要输出	验收的可交付成果、工作绩效信息、更新后的项目文件（如经验教训登记册、需求文件、需求跟踪矩阵等）	变更请求、工作绩效信息、更新后的项目文件（如项目管理计划、范围基准等）

思考题

1. 产品范围和项目范围的区别是什么？
2. 决定项目范围的要素有哪些？
3. 什么是工作分解结构（WBS）？构建 WBS 的原则是什么？
4. 范围基准包括哪些内容？
5. 如何避免范围的蔓延？

第4章 项目进度管理

本章介绍了项目进度管理的主要内容与过程，要求重点掌握项目活动排序和项目进度计划制定的工具和方法。能够根据要求绘制出项目活动单代号网络图或双代号网络图，可以利用关键路径和计划评审技术进行工期估计。

项目进度管理一直是项目管理的核心内容之一，不仅关系到项目能否如期交付，还直接影响到项目的成本控制和资源利用效率。通过制定详细的进度计划、实施进度监控与调整，以及风险管理，项目进度管理能够确保项目在规定的时间内完成，同时保证项目的经济性和合理性。

【扩展资料4-1】：帕金森定律（Parkinson's Law）是由英国历史学者和政治学者西里尔·诺斯古德·帕金森（Cyril Northcote Parkinson）于1957年提出的一个现象定律，帕金森定律中最常被引用的一句是"工作会填满所规定的时间"。帕金森定律指出，只要还有时间，工作就会不断扩展，直到用完所有的时间。如果给定的时间很长，人们就会倾向性地推迟工作的开始，导致在最后一刻集中完成。相反，如果给定的时间很短，人们会迅速行动，以确保任务按时完成。帕金森定律的提出是基于对政府机构内部运作的观察，但后来被广泛应用在项目管理、时间管理和效率提升等领域。在时间管理领域，帕金森定律是拖延、低效的代名词。

4.1 项目进度管理概述

项目进度管理（Project Schedule Management）是指在项目实施过程中，对各阶段的进展程度和项目最终完成的期限所进行的管理，其目的是保证项目能在满足其时间约束的前提下实现总体目标。

项目进度管理通过6个过程来实现，6个过程之间的关系如图4-1所示。

（1）规划进度管理（Plan Schedule Management）：为了规划、编制、管理、执行和控制项目进度，制定政策、程序和文档。

（2）定义活动（Define Activities）：识别和记录为完成项目可交付成果而需采取的具体活动。

（3）排列活动顺序（Sequence Activities）：识别和记录项目活动之间的关系。

（4）估算活动持续时间（Estimate Activity Durations）：根据活动属性和可用资源，估算完成每项活动所需时间（工期）。

（5）制定进度计划（Develop Schedule）：分析活动顺序、持续时间、资源需求和进度制约因素，创建项目进度模型，落实项目执行和监控情况。

（6）控制进度（Control Schedule）：监督项目状态，更新项目进度并管理进度基准的变更。

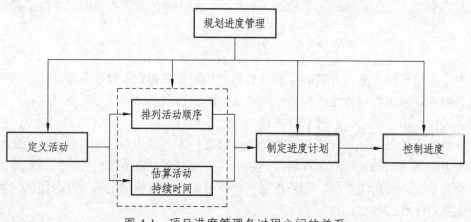

图 4-1　项目进度管理各过程之间的关系

【扩展资料 4-2】：项目进度计划的新兴实践。

具有未完项的迭代型进度计划：适应型生命周期的滚动式规划，如敏捷的产品开发方法。需求记录在用户故事中，在开发之前按优先级排序并优化用户故事，最后在规定的时间内开发产品功能。常用于向客户交付增量价值，或多个团队并行开发大量内部关联较小的功能。允许在整个开发生命周期内进行变更。

按需进度计划：看板体系，基于制约理论和精益生产的拉动式进度计划概念。根据团队的交付能力限制团队正在开展的工作，在资源可用时立即从未完项和工作序列中提取出来开展。常用于在运营或持续环境中以增量方式研发产品，且任务的规模或范围相对类似，或可按照规模或范围对任务进行组合的项目。

4.2　规划进度管理

规划进度管理（Plan Schedule Management）是为规划、编制、管理、执行和控制项目进度而制定政策、程序和文档的过程；作用是为在整个项目期间如何管理项目进度提供指南和方向，一般开展一次或在预定义的节点开展。

进度管理计划的内容一般包括：项目进度模型；进度计划的发布和迭代长度；准确度；计量单位；工作分解结构（WBS）；项目进度模型维护；控制临界值；绩效测量规则；报告格式。

【Tips】：根据项目的需要，进度管理计划可以是正式或非正式的，非常详细或高度概括的。

4.3 定义活动

定义活动（Define Activities）是识别和记录为完成项目可交付成果而采取的具体行动。本过程的主要作用是，将工作包分解为进度活动，作为对项目工作进行进度估算、规划、执行、监督和控制的基础。本过程需要在整个项目期间进行。

本过程主要得到以下文件：

（1）活动清单：包括项目所需的进度活动。对于使用滚动式规划或敏捷技术的项目，活动清单会在项目进展过程中定期更新。活动清单包括每个活动的标识及工作范围详述，使项目团队成员知道需要完成什么工作。

（2）活动属性：是指每项活动所具有的多重属性，用来扩充对活动的描述。活动属性随着项目进展情况演进并更新。

【Tips】：在编制活动属性时，通常包括活动描述、紧前活动、紧后活动、逻辑关系、提前量和滞后量、资源需求、强制日期、制约因素和假设条件。

（3）里程碑清单：是项目中的重要时点或事件，里程碑清单列出了项目所有的里程碑，并指明每个里程碑是强制性的（如合同要求的）还是选择性的（如根据历史信息确定的）。里程碑的持续时间为零，因为它们代表的是一个重要时间点或事件。

确定为完成项目各种可交付物所必须进行的各项具体活动，它的过程识别处于WBS 的最下层，叫作工作包的可交付成果。项目工作包被有计划地分解为更小的组成部分，为估算、安排进度、执行，以及监控项目工作奠定基础。

4.4 排列活动顺序

4.4.1 活动排序过程

排列活动顺序（Sequence Activities）是识别和记录项目活动之间关系的过程。本过程的主要作用是定义工作之间的逻辑顺序，以便在既定的所有项目制约因素下获得最高的效率。本过程需要在整个项目期间进行。

WBS 将项目需要执行哪些具体的活动列举了出来，但这些活动可能数量庞大且关系繁杂。接下来需要给这些活动排列一个先后顺序，以满足项目的时限要求。活动之间先后顺序的确定涉及对组成项目的各活动之间的逻辑关系的识别和说明，有的活动必须依赖于另一种活动结束之后才能开始，这便是活动的先后依赖关系。依赖关系可能是强制或选择的，内部或外部的。这 4 种依赖关系可以组合形成强制性外部依赖关系、强制性内部依赖关系、选择性外部依赖关系或选择性内部依赖关系。

（1）强制性依赖关系（Mandatory Dependency），又称硬逻辑或硬依赖关系。合同要求的或工作的内在性质决定的依赖关系。技术性依赖关系并非都是强制性的。在活动排序过程中，项目团队应该明确哪些关系是强制性依赖关系，不应把强制性依赖关系和进度计划编制工具中的进度制约因素相混淆。

> 【例 4-1】：在建筑工程项目中，只有打好了地基，才能建立地面结构。在软件开发项目中，只有进行了需求分析，才能进行软件设计。

（2）选择性依赖关系（Discretionary Dependency），又称为首选逻辑、优先逻辑或软逻辑关系。基于应用领域或项目对活动顺序的最佳实践而建立的依赖关系。在某些特殊方面，即使存在其他可接受的顺序，也期望采用的专门顺序。但由于其活动关系具有人为性和随机性，因此活动组织关系确定一般比较难，通常很大程度上取决于项目管理人员的知识和经验。

> 【例 4-2】：在信息系统集成项目中，是先进行网络布线后再进行代码编写，还是先进行代码编写后再进行网络布线，可以由项目管理团队根据人员安排情况进行确定；软件开发项目中，是先进行数据库设计后再进行软件模块设计，还是先进行软件模块设计后再进行数据库设计，也可以由软件开发团队根据人员安排情况进行确定。

> 【Tips】：在排列活动顺序时，要重点针对相互之间具有选择性逻辑关系的各种活动进行调整，以便缩短整个项目的工期。

（3）外部依赖关系（External Dependency），项目活动与非项目活动之间的关系，是由外部环境条件决定的逻辑关系。在排列活动顺序的过程中，项目管理团队应明确哪些依赖关系属于外部依赖关系。

> 【例 4-3】：外部依赖关系往往不在项目团队的控制范围内。例如，软件项目的测试活动取决于外部硬件的到货；建筑项目的现场准备可能要在政府的环境听证会之后才能开始。

（4）内部依赖关系（Internal Dependency），是项目活动之间的紧前关系，通常在项目团队的控制之内。在排列活动顺序过程中，项目管理团队应明确哪些依赖关系属于内部依赖关系。

> 【例 4-4】：只有机器组装完毕，团队才能对其测试，这是一个内部强制性依赖关系。

4.4.2　活动排序的工具与方法

项目活动排序最主要的方法是网络图法，包括紧前关系绘图法和箭线图法。

1. 紧前关系绘图法（PDM，Precedence Diagramming Method）

紧前关系绘图法也叫前导图法或单代号网络图法（AON，Activity on Node），用单个节点（方框）表示一项活动，用节点之间的箭线表示项目活动之间的相互依赖关系，如图 4-2 所示。每项活动由且仅由一个节点表示。此外，每个活动拥有唯一的活动序号。

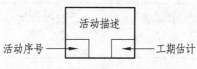

图 4-2　紧前关系绘图法表示方法

活动具有依赖关系，连接活动框的箭头表示先后次序的方向。一项活动只有在通过箭头与它相连的所有前面的活动完成后才能开始。某些活动必须依次完成。箭尾的活动称为箭头所指向的活动的紧前活动，箭头所指向的活动称为箭尾活动的紧随活动。

【例 4-5】：只有在地板装修好后，才能够摆放家具。油漆地板称之为摆放家具的紧前活动，摆放家具称之为油漆地板的紧随活动，如图 4-3 所示。

图 4-3　紧前关系绘图法示例

在实际工作中活动的关系有多种，紧前关系绘图中活动的依赖关系主要包括 4 种形式，如图 4-4 所示。

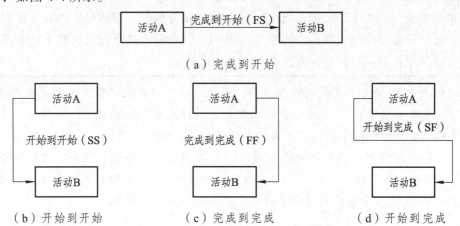

（a）完成到开始

（b）开始到开始　　　（c）完成到完成　　　（d）开始到完成

图 4-4　紧前关系绘图法的活动关系类型

（1）完成到开始（FS，Finish to Start）：只有紧前活动完成，紧后活动才能开始的逻辑关系。B 活动必须在 A 活动结束后才能开始。

【例 4-6】：某个项目在投资前，必须先进行可行性研究（紧前活动），在项目可行的基础上，才能进行投资活动（紧后活动）。

（2）开始到开始（SS，Start to Start）：只有紧前活动完成，紧后活动才能完成的逻辑关系。B 活动开始前 A 活动必须开始。

【例 4-7】：在项目管理活动中，进度管理（紧后活动）开始时，费用管理（紧前活动）必须开始，两者至少同时开始。

（3）完成到完成（FF，Finish to Finish）：只有紧前活动开始，紧后活动才能开始的逻辑关系。A 活动结束前，B 活动必须结束。

【例 4-8】：在进行厨房装修时，热水器输水管的安装（紧后活动）必须在厨房粉刷（紧前活动）完成之前结束，否则还会打洞弄坏墙壁。

（4）开始到完成（SF，Start to Finish）：只有紧前活动开始，紧后活动才能完成的逻辑关系。B 活动结束前 A 活动必须开始。

【例 4-9】：只有启动新应付账款系统（紧前活动），才能关闭旧的应付账款系统（紧后活动）。

紧前关系绘图中，完成到开始 FS 是最常用的逻辑关系类型，开始到完成 SF 关系则很少使用。虽然两个活动之间可能同时存在两种逻辑关系，如开始到开始 SS 和完成到完成 FF，但不建议相同的活动之间存在多种关系。因此，必须选择一种最有意义的逻辑关系。此外，也不建议采用闭环的逻辑关系。

在这些逻辑关系中，可能还有一定的提前量和滞后量。提前量是相对于紧前活动的紧后活动可以提前的时间量，提前量一般用负值表示。滞后量是相对于紧前活动的紧后活动需要推迟的时间量，滞后量一般用正值表示。

【例 4-10】：在新办公大楼建设项目中，绿化施工可以在尾工清单编制完成前 2 周开始，这就形成了有 2 周提前量的完成到开始的关系，如图 4-5（a）所示。在进度计划软件中，提前量往往表示为负滞后量。

滞后量是相对于紧前活动的紧后活动需要推迟的时间量。例如，对于一个大型技术文档，编写小组可以在编写工作开始后 15 天，开始编辑文档草案，这就行程了有 15 天滞后量的开始到开始的关系，如图 4-5（b）所示。

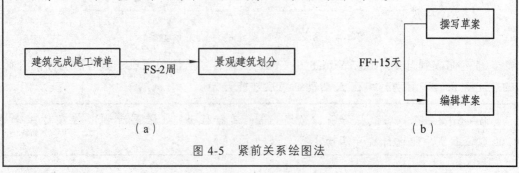

（a）   （b）

图 4-5　紧前关系绘图法

用紧前关系绘图法绘制网络图时，需要注意以下几点：

（1）采用紧前关系绘图法必须正确表达项目中活动之间的逻辑关系。

（2）在图中不能够出现循环回路。

（3）在图中不能出现双向箭头或无箭头的连线。

（4）图中不能出现无箭尾节点的箭线或无箭头节点的箭线。

（5）图中只能有一个起始节点和一个终止节点。

（6）呈现工作流程与顺序：从左向右单向箭头，没有循环、没有判断、有进有出、没有死胡同。

2. 箭线图法（ADM，Arrow Diagram Method）

箭线图法也叫双代号网络图法（AOA，Activity On the Arrow），用箭线代表活动，节点是表示活动开始和结束的标志，如图 4-6 所示。

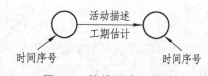

图 4-6　箭线图表示方法

活动的开始（箭尾）事件叫作该活动的紧前事件，活动的结束（箭头）事件叫作该活动的紧随事件。

【例 4-11】：只有在地板装修好后，才能够摆放家具，如图 4-7 所示。

图 4-7　箭线图法示例

网络图中的每一事件（圆圈）必须有唯一的事件序号，即网络图中不会出现相同的事件序号。每项活动必须是由唯一的紧前和紧随事件序号组成。双代号网络图只使用完成到开始（FS）一种依赖关系，所以为了正确地确定某些逻辑关系，可能需要使用虚拟活动（Dummy Activities）（工作时间=0，无工作内容）。虚活动在网络图中用一条虚箭线表示。

【Tips】：为了绘图的方便，在箭线图中又人为引入了一种额外的、特殊的活动，叫虚活动，在网络图中由一个虚箭线表示。虚活动不耗时间，不占资源，只是为了弥补箭线图在表达活动依赖关系方面的不足。

在绘制箭线图的网络图时，需要注意以下几点：

（1）图中严禁出现循环回路。

（2）在网络图中，只允许有一个起点节点，不允许出现没有前导工作的"尾部"节点。

（3）在单目标网络图中，只允许有一个终点节点，不允许出现没有后续工作的"尽头"节点。

（4）网络图中，不允许出现重复编号的工作。

（5）网络图中，不允许出现没有开始节点的工作。

（6）绘制网络图时，要求线条尽量不交叉。当交叉不可避免时采用"过桥法""断线法"或"指向法"，如图4-8所示。

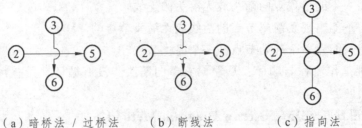

（a）暗桥法／过桥法　　　（b）断线法　　　（c）指向法

图4-8　箭线交叉处理方法

在网络图的布局上，要注意条理清晰，重点突出，关键工作和关键线路尽可能布置在中心位置，而密切相关的工作尽可能相邻布置，减少箭线交叉，尽量采用水平箭线而减少倾斜箭线，尽量减少不必要的节点和虚箭线。

3. 方法的比较

单代号法和双代号法都是活动排序的方法，且各有优缺点。单代号网络图法的优点在于不需要虚拟活动，也不使用事件，更容易标识和理解，但在多个活动汇聚和发散时不易阅读。而双代号网络图法能够方便地在大型复杂项目中使用，容易标识关键事件或里程碑，其缺点在于虚拟活动的使用增加了数据要求。

4.5　估算活动持续时间

4.5.1　基本概念

估算活动持续时间（Estimate Activity Durations）是根据资源估算的结果，估算完成单项活动所需工作时段数的过程。本过程的主要作用是，确定完成每个活动所需花费的时间量。本过程需要在整个项目期间进行。

活动的历时具有概率性质，而非确定性的；且项目具有时限性，每个项目一定包括两个时间：预计开始时间（Estimated Start Time）和要求完工时间（Required Completion Time）。这两个时间（或日期）规定了项目所经历的时间段，为所有活动持续时间的进度计算提供了基准。

【Tips】：持续时间估算不包括任何提前量或滞后量，提前量和滞后量不能替代进度逻辑关系。

4.5.2　影响活动持续时间的因素

在实际工作中，影响项目持续时间的因素很多，其中主要因素包括：

（1）项目小组成员的工作熟练程度与工作效率。工作越熟练，效率越高，活动所需的时间就越少；反之，所需时间则越长。

（2）资源供应情况。对于大多数活动来说，所分配的资源数量和质量能否达到要求，将对其持续时间有显著影响。项目所需的资源如若应有尽有，则会省时；相反，如果实施项目所需的资源尚不具备，则费力费时。例如，一项 100 人/天的工作，可以由 5 人工作 20 天也可以由 2 人工作 50 天，这取决于人力资源供应情况。

（3）意外事件。在项目的实际进行中，总会遇到一些意想不到的突发事件，如客户要求发生了变化、小组骨干成员离开了、客观条件出现了新的情况等，这些突发事件大都会对项目的实施进度带来影响，在计划项目的进度时应尽可能地考虑意外事件，以便于自如应对这种意外事件。

【例 4-12】：有人做过这样的统计：当你正在写一份报告，或者正在看书时，电话铃突然响了，你拿起电话应对，而对方却说："哦，对不起，打错了。"等你真正能把注意力集中到原来的工作上，差不多需要 15 分钟的时间。这就是典型的意外事件对工作时间的影响。

4.5.3　估算活动持续时间的工具与技术

由于影响活动时间的因素有多种，要对活动工期进行精确估计是不容易的。进行时间估算的方法主要有以下几种：

1. 专家判断法（Expert Judgment）

此方法是邀请相关专家来判断执行项目各活动所需时间的长短。活动历时的估计要涉及众多的因素，一般很难找到一个通用的计算方法，这个时候专家的历史经验和记录就显得尤为重要，尽管这种方法的结果也具有一定的不确定性和风险，但仍然不失为一种行之有效的方法。

2. 类比估算法（Analogous Estimating）

类比估算法又叫经验比较法，以过去类似项目的参数值（如持续时间、预算、规模、质量和复杂性等）为基础，来估算未来项目的同类参数或指标。相对于其他估算技术，类比估算通常成本较低、耗时较少，但准确性也较低。

如果当前的项目与类比的项目很相似，类比估计是一种最有效的方法。通常适用于以下情形：用于项目早期阶段或信息不足时；综合利用历史信息和专家判断。如果类比项目在本质上而不是表面上相似，并且从事估算团队成员具备必要的专业知识，那么类比估算就最为可靠。

3. 参数估算（Parametric Estimating）

参数估算是一种基于历史数据和项目参数，使用某种算法来计算成本或持续时间的估算技术。估算的准确性取决于参数模型的成熟度和基础数据的可靠性。可以针对整个项目或项目中的某个部分，并可与其他估算方法联合使用。

【例 4-13】：对于设计项目，将图纸的张数乘以每张图纸所需的工时；或者对于电缆铺设项目，将电缆的长度乘以铺设每米电缆所需的工时。

4. 三点估算（Three-point Estimating）

三点估算是通过考虑估算中的不确定性和风险，以提高活动持续时间估算的准确性。使用三点估算有助于界定活动持续时间的近似区间。这个概念起源于计划评审技术（PERT，Program Evaluation and Review Technique），理论基础是假设项目持续时间以及整个项目完成时间是随机的，且服从某种概率分布。

（1）最可能时间（T_m）：正常情况下，完成某项工作的时间。

（2）乐观时间（T_o）：在任何事情都顺利的情况下，完成某项工作的时间。

（3）悲观时间（T_p）：在最不利的情况下，完成某项工作的时间。

标准差：$\sigma = \dfrac{T_p - T_o}{6}$，方差：$\sigma^2 = \left(\dfrac{T_p - T_o}{6}\right)^2$。

基于持续时间在三种估算值区间的假定分布情况，可计算期望持续时间。

如果活动时间服从 B（贝塔）分布，期望工期：$T_e = \dfrac{T_o + 4T_m + T_p}{6}$，如图 4-9 所示。

如果活动时间服从三角分布，期望工期：$T_e = \dfrac{T_o + T_m + T_p}{3}$。

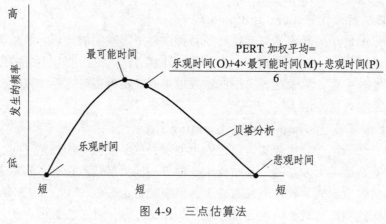

图 4-9　三点估算法

【例 4-14】：某一工作在正常情况下的工作时间是 15 天，在最有利的情况下工作时间是 9 天，在最不利的情况下工作时间是 18 天，该工作的期望完成时间是多少呢？

$$T_e = \frac{T_o + 4T_m + T_p}{6} = \frac{9 + 4 \times 15 + 18}{6} = 14.5 \ （天）$$

该工作期望完成时间是 14.5 天。

4.6　制定进度计划

制订进度计划（Develop Schedule）是分析活动顺序、持续时间、资源需求和进度制约因素，创建项目进度模型，从而落实项目执行和监控的过程。

【Tips】：制订可行的项目进度计划，往往是一个反复进行的过程。

4.6.1　甘特图

甘特图又叫横道图或条形图，图形的左边列出项目的活动，右边以横道线代表活动的工期，上面（或下面）是项目进度的时间单位，横道线左端是活动的开始日期，右端是结束日期。甘特图可以表明项目活动的 FS（完成到开始）、SS（开始到开始）、FF（完成到完成）、SF（开始到完成）四种逻辑关系，在实际工作中得到了广泛应用。

甘特图直观、简单、容易制作、便于理解。在资源优化过程中，一般都借助于甘特图。甘特图可用于 WBS 的任何层次，除了用于进度计划的编制外，还可用于进度控制。但是，甘特图不能系统地表达一个项目所包含的各项工作之间的复杂关系，难以进行定量的计算和分析，难以进行计划的优化等。传统的甘特图一般只适用于比较简单的小型项目。

4.6.2　关键路径法——网络图计划法

在活动排序中，使用到了网络图法。事实上，网络图的作用不仅仅在于活动排序，还可以用于估算活动工期。考虑到活动时间的不确定性，每个活动都有以下时间参数：

（1）最早开始时间 ES（Earliest Start Time）：指某项活动能够开始的最早时间。它可以在项目的预计开始时间和它前面活动的工期的基础上计算出来。

（2）最早结束时间 EF（Earliest Finish Time）：指某项活动能够完成的最早时间，等于该活动的最早开始时间加上该活动的工期。

（3）最晚开始时间 LS（Latest Start Time）：指为了使项目在规定的时限内完成，某活动必须开始的最迟时间，等于该活动的最晚结束时间减去它的工期。

（4）最晚结束时间 LF（Latest Finish Time）：指为了使项目在规定的时限内完成，某活动必须完成的最迟时间，它可以在项目的完成时间和后续活动工期的基础上计算出来。

（5）浮动时间（Float）又称之为时差（Slack)，一个工作的总时差（Total Slack，Total Float）是指在不影响总工期的前提下，本工作可以利用的机动时间。

$$总时差=最迟开始时间-最早开始时间（TF=LS-ES）$$

或

$$总时差=最迟结束时间-最早结束时间（TF=LF-EF）$$

总时差计算结果若大于 0，则不影响总工期；若小于 0 则影响总工期。

（6）自由时差（Free Float）是指在不影响其紧后工作最早开始时间的前提下，本工作可以利用的机动时间。自由时差总是小于等于总时差，不会大于总时差。

自由时差 FF=后续活动的 ES - 该活动的 EF

即

$$FF_{i-j} = ES_{j-k} - EF_{i-j}$$

在网络图中，以上参数的表达方式通常如图 4-10 所示。

图 4-10 带时间参数的网络图

在项目网络图中，从左到右把时间相加，时间最长的那条路径就是关键路径（Critical Path），它表明了采用此线路完成项目所需的最短时间。

关键路径法（Critical Path Method, CPM）是根据指定的网络顺序逻辑关系和单一历时估算，计算每一个活动的单一的、确定的最早和最迟的开始和完成日期的方法。关键路径是在实施项目的不同线路上通过顺推和逆推两种方式来确定的，利用项目管理软件，也能自动产生出项目的关键路径。关键路径法具体操作步骤如下：

第一步，绘制项目的网络图。将工作分解结构中工作包的所有任务都写在小卡片上，然后由项目小组成员根据这些活动的 FS、SS、FF 和 SF 四种逻辑关系，来确定、摆放它们的顺序。这是在没有软件的情况下人们常用的方法，也可以直接采用软件制图的方法。

第二步，用顺推法确定活动的最早开始时间和最早结束时间。顺推法，又称顺排工期法，就是从项目的开始往结束的方向推导，来计算网络图中每项活动的最早开始时间和最早结束时间。具体操作步骤：从网络图的左边开始，只要把该活动的最早开始时间加上其工期，就可以方便地得到它的最早结束时间。前一个活动的最早结束时间，也就是后一个活动的最早开始时间。

【Tips】：多个前置任务存在时，根据最大的任务时间确定。某项活动的最早开始时间必须相同或晚于直接指向这项活动的所有活动最早结束时间中的最晚时间。

第三步，用逆推法确定活动的最晚结束时间和最晚开始时间。逆推法，又称倒排工期法，就是从项目提交结果的时间算起，看看每项活动最晚必须什么时间开始，或者必须什么时间结束的方法。从最后一个活动开始，它的最晚结束时间减去它的工期就得到这个活动的最晚开始时间。这个时间即这个活动之前所有活动的最晚结束时间。依次从后往前进行计算，从该数字中减去活动的持续时间，结果就代表了每个活动必须完成的最晚结束时间。

【Tips】：多个后续任务存在时，根据最早的任务时间确定。在不同路径的交汇点，应取它后面较小的那个时间数值，作为前面活动的最晚结束时间。也就是说，某项活动的最迟结束时间必相同或早于该活动的直接指向的活动最迟开始时间的最早时间。

第四步，确定浮动时间和关键路径。在确定出每项活动的最早开始、最早结束、最晚开始、最晚结束时间的基础上，很容易确定出它们的浮动时间。用最晚结束时间减去最早结束时间，或者用最晚开始时间减去最早开始时间，它们之间的差即为浮动时间，也就是该活动能够推迟的时间，推迟以后不影响它后面活动的最早开始时间，也不增加整个项目的持续时间。

当图中的每个活动都有相同的最早开始时间、最早结束时间、最晚开始时间、最晚结束时间时，即这些活动的浮动时间为零，均没有浮动时间。这些活动被称为关键活动，包含这些关键活动的路径即为关键路径。用顺推和逆推的方法就是为了找出这条路径。

由于关键路径法不考虑任何资源限制，因此得到的上述日期不一定就是项目进度，只是指明进度活动在给定的活动历时、逻辑关系、提前量与滞后量、其他已知约束下，应安排的时间段与持续时间。关键路径法的核心是计算浮动时间，确定哪些活动进度安排灵活性最小，是经常应用于进度网络分析中的快捷、简单的方法。关键路径法主要适用于先前具有一定经验的项目，对于经验不足的新项目或复杂项目，则需要使用计划评审技术等其他工具进行工期估算。

【Tips】：需要注意的是，项目的关键路径通常具有以下特点：

（1）关键路径上的总时差和自由浮动时间均为零。

（2）关键路径是项目整个路径中最长的路径，决定了的项目最短时间，但容易变化。

（3）关键路径可能不止一个，有时存在多个。

（4）当网络图中某一项或多项活动时间发生变化后，关键路径可能会随之变化，此时需要重新计算关键路径。

4.6.3　计划评审技术（PERT）

在关键路径法中，每个活动的工期都只有一个估计值。但在实际中，因为某些活动或全部活动的持续时间不能完全确定，因此采用一种新的工期估算方法——计划评审技术（PERT, Program Evaluation and Review Technique）。计划评审技术适用于不可预知因素较多或从未做过的新项目和复杂项目。

在三点估算法中，针对一个活动有三种可能时间：最可能时间 T_m、最乐观时间 T_o、最悲观时间 T_p，假设这三个时间服从 B（贝塔）分布，则活动的期望值 $T_e = \dfrac{T_o + 4T_m + T_p}{6}$，标准差 $\sigma = \dfrac{T_p - T_o}{6}$。项目关键路径上所有活动的时间估计加起来可以得到一个总概率分布，这个总概率分布不是 B（贝塔）分布，而是正态概率分布，概率曲线是以其平均值为对称轴的钟形曲线。项目在规定时间内完成的概率，可用如下公式计算：

$$Z = \frac{T_r - T_e}{\sqrt{\sum \sigma^2}}$$

式中，T_r ——项目要求完工时间（最迟结束时间）；

T_e ——项目关键路径上所有活动最早期望结束时间（正态分布的均值）；

σ ——关键路径上所有活动时间总分布的标准差；

Z ——度量正态分布曲线上 T_r 和 T_e 之间标准差的量值。

【Tips】：各项活动的标准差不能相加，只有方差才能相加。

【扩展资料 4-3】：期望工期是衡量分布集中程度的指标，方差是衡量分布期望值向外离散或扩散程度的指标。标准差是另一个衡量离散程度的指标，是方差的平方根。与方差相比，标准差更直观地表示分布从其平均值或期望值向外离散程度。对于正态分布，在期望值两边一个标准差的范围内，曲线下面积约占总面积的 68%；两个标准差的范围内，曲线下面积约占总面积的 95%；三个标准差的范围内，曲线下面积约占总面积的 99%。如图 4-11 所示。

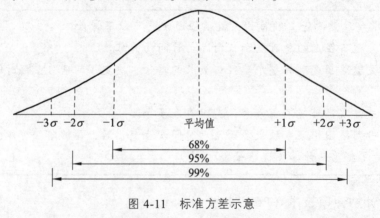

图 4-11　标准方差示意

这个 Z 值必须转化为正态曲线下 T_r 和 T_e 之间的面积与正态曲线下总面积的比值。由于正态曲线下总面积为 1.0，因此，项目要求完工时间之前完成项目的概率就等于曲线下 T_r 以左的面积占总面积的比例数值。表 4-1 的标准差表把 Z 转化为一个直接给出这个面积的数值。

【例 4-15】：已知某项目各个活动之间的逻辑关系，以及每个活动的三点时间估算如图 4-12 所示。故该项目的期望工期是多少天？该项目 32 天内完工的概率多大？32~40 天完工的可能性多大？42 天内完工的可能性多大？

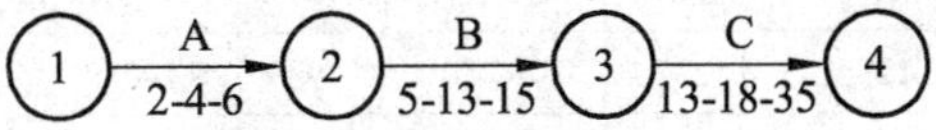

图 4-12　活动网络图

活动 A 的期望工期：$T_{eA} = \dfrac{T_{oA} + 4T_{mA} + T_{pA}}{6} = \dfrac{2 + 4 \times 4 + 6}{6} = 4$（天）

活动 B 的期望工期：$T_{eB} = \dfrac{T_{oB} + 4T_{mB} + T_{pB}}{6} = \dfrac{5 + 4 \times 13 + 15}{6} = 12$（天）

活动 C 的期望工期：$T_{eC} = \dfrac{T_{oC} + 4T_{mC} + T_{pC}}{6} = \dfrac{13 + 4 \times 18 + 35}{6} = 20$（天）

项目的总工期：$T_e = T_{oA} + T_{oB} + T_{oC} = 4 + 12 + 20 = 36$（天）

活动 A 的方差：$\sigma_A{}^2 = \left(\dfrac{T_{pA} - T_{oA}}{6}\right)^2 = \left(\dfrac{6-2}{6}\right)^2 = 0.444$

活动 B 的方差：$\sigma_B{}^2 = \left(\dfrac{T_{pB} - T_{oB}}{6}\right)^2 = \left(\dfrac{15-5}{6}\right)^2 = 2.778$

活动 C 的方差：$\sigma_C{}^2 = \left(\dfrac{T_{pC} - T_{oC}}{6}\right)^2 = \left(\dfrac{35-13}{6}\right)^2 = 13.444$

项目总分布的标准差：$\sigma = \sqrt{\sigma_A + \sigma_B + \sigma_C} = \sqrt{0.444 + 2.778 + 13.444} = 4.08$（天）

$$Z_1 = \frac{T_{r1} - T_e}{\sqrt{\sum \sigma^2}} = \frac{32-36}{4.08} = -0.98 ,$$

$P(T \leqslant 32) = \varnothing(Z \leqslant -0.98) = 0.5 - 0.33646 = 0.16354 = 16.4\%$

$$Z_2 = \frac{T_{r2} - T_e}{\sqrt{\sum \sigma^2}} = \frac{40-36}{4.08} = 0.98 ,$$

$P(32 < T \leqslant 40) = \varnothing(Z \leqslant 0.98) = 0.33646 + 0.33646 = 0.67292 = 67.3\%$

$$Z_3 = \frac{T_{r3} - T_e}{\sqrt{\sum \sigma^2}} = \frac{42-36}{4.08} = 1.47 ,$$

$P(T \leqslant 42) = \varnothing(Z \leqslant 1.47) = 0.5 + 0.42922 = 0.92922 = 92.9\%$

表 4-1　正态曲线下最大横坐标之间的面积和 Z 值表

Z	0	0.01	0.02	0.03	0.04	0.05	0.06	0.07	0.08	0.09
0.0	0.00000	0.00399	0.00798	0.01197	0.01595	0.01994	0.02392	0.02790	0.03188	0.03586
0.1	0.03983	0.04380	0.04776	0.05172	0.05567	0.05962	0.06356	0.06749	0.07142	0.07535
0.2	0.07926	0.08317	0.08706	0.09095	0.09483	0.09871	0.10257	0.10642	0.11026	0.11409
0.3	0.11791	0.12172	0.12552	0.12930	0.13307	0.13683	0.14058	0.14431	0.14803	0.15173
0.4	0.15542	0.15910	0.16276	0.16640	0.17003	0.17364	0.17724	0.18082	0.18439	0.18793
0.5	0.19146	0.19497	0.19847	0.20194	0.20540	0.20884	0.21226	0.21566	0.21904	0.22240
0.6	0.22575	0.22907	0.23237	0.23565	0.23891	0.24215	0.24537	0.24857	0.25175	0.25490
0.7	0.25804	0.26115	0.26424	0.26730	0.27035	0.27337	0.27637	0.27935	0.28230	0.28524
0.8	0.28814	0.29103	0.29389	0.29673	0.29955	0.30234	0.30511	0.30785	0.31057	0.31327
0.9	0.31594	0.31859	0.32121	0.32381	0.32639	0.32894	0.33147	0.33398	0.33646	0.33891
1.0	0.34134	0.34375	0.34614	0.34849	0.35083	0.35314	0.35543	0.35769	0.35993	0.36214
1.1	0.36433	0.36650	0.36864	0.37076	0.37286	0.37493	0.37698	0.37900	0.38100	0.38298
1.2	0.38493	0.38686	0.38877	0.39065	0.39251	0.39435	0.39617	0.39796	0.39973	0.40147
1.3	0.40320	0.40490	0.40658	0.40824	0.40988	0.41149	0.41309	0.41466	0.41621	0.41774
1.4	0.41924	0.42073	0.42220	0.42364	0.42507	0.42647	0.42785	0.42922	0.43056	0.43189
1.5	0.43319	0.43448	0.43574	0.43699	0.43822	0.43943	0.44062	0.44179	0.44295	0.44408
1.6	0.44520	0.44630	0.44738	0.44845	0.44950	0.45053	0.45154	0.45254	0.45352	0.45449
1.7	0.45543	0.45637	0.45728	0.45818	0.45907	0.45994	0.46080	0.46164	0.46246	0.46327
1.8	0.46407	0.46485	0.46562	0.46638	0.46712	0.46784	0.46856	0.46926	0.46995	0.47062
1.9	0.47128	0.47193	0.47257	0.47320	0.47381	0.47441	0.47500	0.47558	0.47615	0.47670
2.0	0.47725	0.47778	0.47831	0.47882	0.47932	0.47982	0.48030	0.48077	0.48124	0.48169
2.1	0.48214	0.48257	0.48300	0.48341	0.48382	0.48422	0.48461	0.48500	0.48537	0.48574
2.2	0.48610	0.48645	0.48679	0.48713	0.48745	0.48778	0.48809	0.48840	0.48870	0.48899
2.3	0.48928	0.48956	0.48983	0.49010	0.49036	0.49061	0.49086	0.49111	0.49134	0.49158
2.4	0.49180	0.49202	0.49224	0.49245	0.49266	0.49286	0.49305	0.49324	0.49343	0.49361
2.5	0.49379	0.49396	0.49413	0.49430	0.49446	0.49461	0.49477	0.49492	0.49506	0.49520
2.6	0.49534	0.49547	0.49560	0.49573	0.49585	0.49598	0.49609	0.49621	0.49632	0.49643
2.7	0.49653	0.49664	0.49674	0.49683	0.49693	0.49702	0.49711	0.49720	0.49728	0.49736
2.8	0.49744	0.49752	0.49760	0.49767	0.49774	0.49781	0.49788	0.49795	0.49801	0.49807
2.9	0.49813	0.49819	0.49825	0.49831	0.49836	0.49841	0.49846	0.49851	0.49856	0.49861
3.0	0.49865	0.49869	0.49874	0.49878	0.49882	0.49886	0.49889	0.49893	0.49896	0.49900
3.1	0.49903	0.49906	0.49910	0.49913	0.49916	0.49918	0.49921	0.49924	0.49926	0.49929
3.2	0.49931	0.49934	0.49936	0.49938	0.49940	0.49942	0.49944	0.49946	0.49948	0.49950
3.3	0.49952	0.49953	0.49955	0.49957	0.49958	0.49960	0.49961	0.49962	0.49964	0.49965
3.4	0.49966	0.49968	0.49969	0.49970	0.49971	0.49972	0.49973	0.49974	0.49975	0.49976

【例 4-16】：已知某活动各项工作之间的逻辑关系如表 4-2 所示，每项工作的时间估算如表 4-3 所示。故试绘制网络图，并找出关键路径。项目 35 天内完工的概率多大？35～41 天完工的可能性多大？45 天内完工的可能性多大？超过 45 天完工的可能性多大？

表 4-2　活动逻辑关系

工作	A	B	C	D	E	F	G
紧前工作	—	A	A	B	C、D	C、D	E、F

表 4-3　活动工期估计

活动	乐观时间/天	最可能时间/天	悲观时间/天
A	10	22	28
B	2	4	6
C	4	6	14
D	1	2	3
E	1	5	9
F	7	8	9
G	2	2	2

4.6.4　资源优化

资源优化配置是通过调整进度计划，形成平稳连续的资源需求。资源优化配置的目的是最有效的利用资源、使资源闲置的时间最小化、尽量避免超出资源能力。优化配置的两种方法：资源平衡，维持工期不变，使资源强度尽可能平衡；在满足资源约束条件下，使工期最短。

1. 资源平衡（Resource Leveling）

资源在特定时间、数量有限或被过度分配时，如果出现资源短缺，就需要进行资源平衡。同样，如果各个时段所需资源数量起伏太大，也需要进行资源平衡。资源平衡是为了在资源需求与资源供给之间取得平衡，根据资源制约因素对开始日期和完成日期进行调整的一种技术。

将稀缺资源从非关键路径重新分配到关键路径上。资源平衡往往导致关键路径改变，通常是工期延长，可以用浮动时间来平衡资源需求。在制定项目进度计划期间，因为资源平衡，项目的工期可能发生变化。

2. 资源平滑（Resource Smoothing）

资源平滑是对进度模型中的活动进行调整，从而使项目资源需求不超过预定的资源。每个活动只在其自由浮动时间和总浮动时间内移动。资源平滑不会改变关键路径，工期也不会延迟。资源平滑可能无法实现所有资源的优化，类似我们小时候玩的滑动拼图玩具。

> 【Tips】：广义的资源平衡包括资源平滑，资源平滑是资源平衡的一种特殊形式。通常先做资源平滑，再做资源平衡。资源平衡用于解决资源短缺（需求大于供应），资源平滑用于削峰填谷，使各时期资源需求量基本平衡。即便峰值未超出资源供应量，也需要资源平滑来削峰填谷。

资源平衡和资源平滑是 PMBOK 第五版中的概念，之前版本中均表述为资源平衡。资源平衡和资源平滑的区别如表 4-4 所示。

表 4-4　资源平衡和资源平滑的比较

资源形式	资源平衡	资源平滑
目的	解决关键路径上的资源不足	解决资源负荷忽高忽低的问题
方法	将非关键路径上的资源借调到关键路径上，保证关键路径上的活动按时开始、按时结束	将非关键路径上的活动提前或推后，让过资源的负荷保持在一个水平，或波动比较小的水平。一般情况下，是以消耗该活动的自由浮动时间为代价的
影响	可能会导致关键路径发生变化（通常是延长）	不会导致关键路径发生变化
使用情景	资源在特定时间可用、资源受数量限制、资源被过度分配	不均匀的资源使用率超出预定资源数量
使用时间点	一般在使用关键路径法（CPM）之后，资源平滑之前进行	一般在资源平衡之后进行

3. 进度压缩

在实际形成项目进度计划后，由于一些主观或客观因素，可能会出现提前完成项目的要求。此时，需要引入进度压缩技术。进度压缩是在不改变项目范围，满足进度制约条件或其他进度目标的前提下，缩短项目的进度时间。当项目工期压缩后，需要重新判断项目的关键路径是否发生变化。进度压缩技术包括（但不限于）赶工和快速跟进两种方法。

（1）赶工（Crash）。

赶工也称为时间—成本平衡方法，对成本和进度进行权衡，确定如何在最小的成本增加条件下，最大限度地缩短项目所需时间。赶工是在不改变活动的前提下，通过压缩某一个或者多个活动的时间来达到缩短整个项目工期的目的，在最小相关成本增加的条件下，压缩关键路径上的关键活动历时的方法。

【Tips】：赶工是在最小相关成本增加的条件下，压缩关键活动历时的方法。优点：不会增加项目风险和管理难度；缺点：会因加班而增加成本。

进度压缩单位成本的计算方法有两种，一种是线性方法，即每压缩一个单位成本增加一个固定的成本，另一种是进度压缩因子（Charles Symons，1991）方法，这种方法表示压缩进度比普通进度短的时候，费用将会迅速上涨。本书主要介绍线性方法，即

进度压缩单位成本=（压缩成本－正常成本）/（正常进度－压缩进度）

【例 4-17】：已知任务 A 的正常进度 7 周，成本为 5 万元。压缩到 5 周的成本是 6.2 万元，则该任务压缩到 6 周后成本是多少？

单位进度压缩成本：$\dfrac{6.2-5}{7-5}=0.6$（万元/周）

如果压缩到 6 周，则成本：$5+0.6\times(7-6)=5.6$（万元）

【例 4-18】：图 4-13 给出了某项目的网络图，表 4-5 给出了项目各任务的单位压缩成本、项目压缩量和项目成本。各个任务可以压缩的最大限度和压缩成本如表 4-5（2），压缩前总成本为 20 万元，请问如果将工期压缩到 17 周、16 周和 15 周时，应该压缩哪些活动和最后的成本？

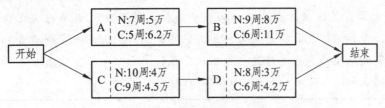

图 4.13　某项目网络图

表 4-5（1）　项目各任务的单位压缩成本

任务	A	B	C	D
单位压缩成本/（万元/周）	0.6	1	0.5	0.6

表 4-5（2）　项目压缩和项目成本

工期/周	可以压缩的任务	压缩的任务	成本计算/万元	项目成本
18			5＋8＋4＋3	20
17	C, D	C	20＋0.5	20.5
16	C, D	D	20.5＋0.6	21.1
15	A, B, C, D	A, D	21.1＋0.6＋0.6	22.3

【Tips】：优化（压缩）进度计划后，必须重新检查项目的关键路径，因为可能已经发生变化。

（2）快速跟进（Fast Tracking）。

进度压缩的另一种方式是快速跟进（Fast Tracking）。快速跟进改变了活动间的逻辑关系，并行开展某些活动。快速跟进只适用于能够通过并行来缩短项目工期的情况。

【例 4-19】：智能化系统施工在施工图纸未审批之前就开始施工；变更内容在未收到正式文件之前就开始施工。快速跟进往往会造成返工、增加费用，并通常会增加风险，所以项目实施中一般不提倡快速跟进。

【例 4-20】：在充满多变性（Volatility）、不确定性（Uncertainty）、复杂性（Complexity）和模糊性（Ambiguity）的 VUCA 时代，公共卫生事件、政治动乱和自然灾害等全球性重大危机挑战的数量和规模都在不断增加。要应对这些挑战，就必须采取非常规措施——有些应对活动必须在极短的时间内启动并完成，以阻止事态升级并尽快减少损失。从进度来看，此类活动可称为闪电项目（Blitz）。例如，2020 年初为了迅速扩大医疗设施规模，世界各地，以超快的速度建造了大量应急医院。在商业领域，随着技术的进步、市场的变化和突发事件的发生，公司和组织也面临着更大的压力，实施项目的时间也变得非常紧迫，如新产品研发和大规模信息系统修复。推出颠覆性技术的公司很可能在非危机情况下部署极端时间表和闪电项目的先例，如特斯拉超级工厂的建设。

【例 4-21】：2020 年 2 月为抗击新冠疫情，武汉用让人惊叹的"中国速度"建设了火神山和雷神山医院（简称"两山"医院），提供 2416 张床位，作为新冠肺炎定点医院，用于收治重症病例。"两山"医院新建工程需要从无到有建造接诊室、负压手术室、负压病房、检验室等医疗设施，以及救护车洗消间、垃圾焚烧炉等配套设施，工程量巨大。中建三局作为总承包商，联合 1608 家供应商和 952 家分包商，在非常困难的条件下，分别用十天左右的时间完成了两座医院的建造任务。"两山"医院新建工程打破常规，施行"边设计、边采购、边施工"的多边并行推进方式，推行设计—采购—施工一体化，从而实现了工期的极限压缩。在工程项目组织和管理方面进行了大量创新实践，形成了应急医院快速建造方式。

资料来源：祁超，卢辉，王红卫等. 应急医院工程快速建造及其对疫情防控的作用——以武汉市抗击新冠疫情为例[J]. 管理世界，2021(6): 189-201, 213.

4.7　控制进度

控制进度（Control Schedule）是监督活动状态，更新项目进展，管理进度基准变更，以实现计划的过程。项目进度控制是综合变更控制的一部分，其内容包括确定项目进度的当前状态，对造成进度变化的因素施加影响，确定项目进度是否已经改变，在实际变化出现时对其进行管理。进度控制通常包含以下步骤：

（1）进度跟踪与监控，通过分析执行情况报告，找到需要采取纠正措施的环节。

（2）确定应采取的具体纠正措施。

（3）修改计划，形成变更报告。

（4）重新计算进度，调整进度计划，并估计计划采取的纠正措施的效果。

如果计划采取的纠正措施无法获得满意的进度安排，重复以上步骤。

【扩展资料 4-4】：从节奏（Pace）的角度看，项目可分为四种类型。

（1）常规项目（Regular Project）是指时间并不重要的项目。这类项目的进度管理以时间-成本-质量三角为基础，三个绩效指标相互制约，因此进度压缩较小，甚至会延迟。

（2）快速项目（Fast/Competitive Project）是工业组织和利润驱动型组织中最常见的项目类型。由于先行者能获得显著优势，包括新产品开发、制造和营销效益，因此组织非常注重项目进度控制。

（3）紧迫项目（Time Critical Project）的紧迫性会进一步增强，因为这些项目受到不可变的最后期限或机会窗口的限制。例如，大型活动（如奥运会）的开始日期提前公布，相关项目就必须在这一时间之前完成。延误意味着失败，带来的经济和声誉损失是不可接受的。

（4）闪电项目（Blitz Project）是最紧急的项目类型，通常是为了应对危机或突发事件。以最快的速度完成项目是成功的标准，这使得任务变得异常艰巨。作为最紧急的项目类型，闪电项目给项目管理带来了重大挑战，项目团队必须采用不同的管理方法加以应对，但是我们仍然缺乏如何处理这些情况的相关系统知识。

资料来源：Aaron J. Shenhar and Dov Dvir. Reinventing Project Management: The Diamond Approach to Successful Growth and Innovation. Harvard Business School Press, 2007.

思考题

1. 简述单代号网络图和双代号网络图各自的优缺点。

2. 资源平衡和资源平滑的区别是什么？
3. 项目活动工期估算的方法有哪些？
4. 关键路径法和计划评审技术的主要步骤是什么？
5. 简述进度压缩技术的原理。

第 5 章　项目成本管理

本章介绍成本类型，阐述项目成本管理的过程，成本估算、制定预算和控制成本的方法；重点掌握控制成本的关键技术——挣值分析法，充分理解各个指标的含义并熟练运用计算方法。

项目成本管理是项目管理知识体系中重要的组成部分之一，因为人们开展任何项目的目的就是要以最小的成本去获得最大的价值，而成本和项目价值的管理都属于现代项目成本管理的范畴，所以这是一个重要的项目管理知识领域。

> 【Tips】：项目成本管理的知识，覆盖面较宽，涉及经济、财务、会计等方面的基本概念。

> 【例 5-1】：1976 年的蒙特利尔奥运会花费 24 亿美元，超出预算近 20 倍。为此所付出的代价是，奥运会后，蒙特利尔公民承担了一个新的税种——奥运特别税，花了整整 30 年才还完当年所欠下的债务。2004 年的雅典奥运会，被质疑最多的就是庞大的预算，最终耗资 105 亿美元，两倍于其预算。奥运会后，希腊深陷债务危机。
>
> 2013 年东京申奥成功时，定下的预算为 75 亿美元。2013 年至 2020 年，东京奥运会和残奥会预算多次变更。原定于 2020 年的奥运会因疫情而延期。2021 年 7 月 23 号，日本东京奥运会终于开幕了，花费了 154 亿美金，是原本预算的两倍，还打破了伦敦奥运会 150 亿的纪录。日方部门公布的报告显示，额外资金主要流向了临时基建，还有合同续签、运营、技术升级及市场推广等环节。这些投入都是为了推动项目的进展和市场拓展。疫情使东京奥运几乎空场，门票总共亏损了 71 亿多美元。

5.1　项目成本管理概述

5.1.1　项目成本概念与类型

狭义的项目成本（Project Cost）是指在为实现项目目标而开展的各种项目活动中消耗资源而产生的各种费用，广义的项目成本还包括项目中涉及的税金与承包商利润等。

从价值工程的角度来讲，项目成本的内涵并不只是花费，而是能够买到一定功能或价值的花费。所以项目成本的内涵可以用下面的公式给出更好的描述。

$$V = \frac{F}{C}$$

式中：V——价值（Value）；

F——功能（Function）；

C——成本（Cost）。

从上式可以看出，项目成本是实现项目价值所做出的投入，是为了获得项目各种功能而付出的项目投入。

项目成本可分为固定成本与变动成本、直接成本和间接成本、可控制成本与不可控制成本，等等。按项目生命期阶段划分，项目成本包括项目决策和界定成本、项目设计成本、项目资源获取成本、项目实施成本等。成本类型如表5-1所示。影响项目成本的因素包括工期、项目质量、项目范围、项目耗用资源的数量和单价等。

表 5-1　成本类型

序号	成本类型	定义
1	固定成本（Fixed Cost）	指在相关时间段或生产规模内，总额与业务活动不成比例变化的费用，包括行政费用、租金、利息和管理费用
	可变成本（Variable Cost）	与业务活动成比例变化的费用，如生产人员工资、电费和生产材料成本
2	直接成本（Direct Cost）	与生成项目产品和服务直接相关的成本，如项目团队差旅费、工资、项目所使用的物料及设备费等
	间接成本（Indirect Cost）	不与项目和服务直接相关的成本，项目管理几乎无法控制它们，可以被分摊到项目当中，如税金、额外福利等
3	生命周期成本（Life Cycle Cost）	长周期，产品生命周期，考虑运维成本
4	沉没成本（Sunk Cost）	历史上已经花费的成本，在项目后续决策中可不予考虑
5	机会成本（Opportunity Cost）	因为选择另一个机会而放弃的原机会未来可以获得的收益，如选择A，放弃B，B的收益就是A的机会成本

【Tips】：沉没成本是一种历史成本，对现有决策而言是不可控成本，很大程度上影响人们的行为方式与决策，在投资决策时应该尽量排除沉没成本的干扰。

5.1.2　项目成本管理的概念与过程

项目成本管理（Project Cost Management）是指为保证项目实际发生的成本不超过项目预算成本所进行的管理过程和活动。在过去，项目成本管理的主要的观念在于按时、在预算内完成项目即可，而当前的项目管理观念更加注重顾客满意度，会加强组织间和客户间的协商与沟通。广义的项目成本管理是指为实现项目价值的最大化所开展的各种项目管理活动和工作。

项目成本管理是项目成功的关键，是贯穿项目生命周期各阶段的重要工作；对不确定性成本的存在，需要施加全面的管理和控制；众多项目的实践经验表明，只有加强成本管理才能获得项目成功。项目成本管理重点关注完成项目活动所需资源的成本，但同时也应考虑项目决策对项目产品、服务或成果的使用成本、维护成本和支持成本的影响。广义的项目成本管理也称为"生命期成本管理"。生命期成本管理经常与价值工程技术结合使用，用于降低成本，缩短时间，提高项目可交付成果的质量和绩效，并优化决策过程。

【例 5-2】：限制设计审查的次数可降低项目成本，但可能增加由此带来的产品运营成本。

成本管理的另一个方面是认识到不同的相关方会在不同的时间、用不同的方法测算项目成本。在很多组织中，预测和分析项目产品的财务效益是在项目之外进行的，但对于有些项目，可在项目成本管理中进行这项预测和分析工作。

【例 5-3】：对于某采购品，可在采购决策、下达订单、实际交货、实际成本发生或项目会计记账时，测算其成本。例如，固定资产投资项目，项目成本管理还需使用其他过程和许多通用财务管理技术，如投资回报率分析、现金流贴现分析和投资回收期分析等。

【扩展资料 5-1】：敏捷场景下的项目成本管理的原则是用最少的资源，快速响应变化，确保项目在预算范围内进行。这种方法强调通过持续监控和调整，优化资源配置，从而实现项目目标。敏捷项目通常采用灵活预算，允许根据实际情况动态调整预算分配，提高资源利用效率。

在具体实施方面，最小可行性产品（MVP，Minimum Viable Product）是一个常用的方法。MVP 是一种以最小资源投入、最快速度完成"开发—测量—认知"循环的试验品，它能通过早期用户反馈验证产品价值，确保资源的有效利用。

项目成本管理包括 4 个过程，如表 5-2 所示。

（1）规划成本管理（Plan Cost Management），确定如何估算、预算、管理、监督和控制项目成本。

（2）估算成本（Estimate Costs），对完成项目活动所需货币资源进行近似估算。

（3）制定预算（Determine Budget），汇总所有单个活动或工作包的估算成本，建立一个经批准的成本基准。

（4）控制成本（Control Costs），监督项目状态，以更新项目成本和管理成本基准的过程。

在某些项目，特别是在范围较小的项目中，成本估算和成本预算之间的联系非常紧密，以至于可视为一个过程，由一个人在较短时间内完成，但这是两个过程所用的工具和技术各不相同。

表 5-2　项目成本管理过程

过程组	管理过程	输出文件
规划	规划成本管理	成本管理计划
	估算成本	成本估算； 估算依据； 项目文件（更新）
	制定预算	成本基准； 项目资金需求； 项目文件（更新）
监控	控制成本	工作绩效信息； 成本预测； 变更请求； 项目管理计划（更新）； 项目文件（更新）

【Tips】：项目成本管理4个过程，就是定方向、定成本、定预算、盯偏差。

5.2　规划成本管理

规划成本管理（Plan Cost Management）是确定如何估算、预算、管理、监督和控制项目成本的过程。本过程的主要作用，是在整个项目期间为如何管理项目成本提供指导和方向。本过程仅开展一次或仅在项目的预定义点开展。

【Tips】：应该在项目早期就对成本管理工作进行规划，建立各成本管理的基础框架，以确保各个过程的有效性及各过程之间的协调性。

本过程在项目章程的指导下，编制成本管理计划。成本管理计划（Cost Management Plan）是项目管理计划的组成部分，描述如何规划、安排和控制项目成本。成本管理过程及所用工具与技术应记录在成本管理计划中，其内容主要包括：

（1）计量单位，需要规定每种资源的计量单位。

【例 5-4】：用于测量实际活动的人时数、人天数或周数；用于计量数量的米、升、吨、千米或立方；用来表示总价的货币。

（2）精确度：根据活动范围和项目规模，设定成本估算向上或向下取整的程度。

（3）准确度：为活动成本估算一个可接受的区间（如 ±10%），其中包括一定数量的应急储备。

（4）组织程序链接：每个控制账户都有唯一的编码或账号，直接与组织的会计制度关联。

（5）控制临界值：允许出现的最大差异，通常用偏离基准计划的百分数来表示。

（6）绩效测量规则：用于绩效测量的挣值管理（EVM）规则。

（7）报告格式。

（8）其他细节：关于成本管理活动的其他细节，包括对战略筹资方案的说明；处理汇率波动的程序；记录项目成本的程序等。

> 【例 5-5】：在软件开发项目的早期阶段，项目经理和团队可能会制定初始的资源计划，包括开发人员、测试人员和项目经理的分配，以及开发工具和硬件设备的需求。这个计划基于项目的初始范围和目标。
>
> 然而，在软件开发过程中，需求经常会发生变化。可能会出现新的客户需求、技术挑战或者市场机会，这些都可能需要对项目进行调整。例如，客户可能提出了一个重要的新功能请求，需要更多地开发资源来实现；或者在测试阶段发现了一些关键性的错误，需要增加测试资源来解决问题。
>
> 在这种情况下，项目资源计划需要不断进行修改和调整。项目经理可能需要重新评估资源的分配，决定是否需要雇佣额外的开发人员或测试人员。他们还需要考虑如何有效地利用已有资源，以满足新的需求，同时保持项目的进度和质量。

在编制成本管理计划时，还要注意项目处在不同的生命阶段时，项目的工作重点不同，项目对资源的需求也会有很大差别。

> 【例 5-6】：在新产品开发项目的初期，主要重点可能是市场研究、概念验证和产品设计。在这个阶段，资源计划可能侧重于雇佣市场研究人员、产品设计师和工程师。然而，随着项目的推进，工作重心会逐渐转向原型制造、测试和市场推广。这就需要对资源计划进行不断地修改和调整。例如，项目团队可能需要增加制造团队相关资源，以满足产品制造的需求。因此，项目成本管理计划需要根据项目的不同生命周期阶段而变化，以确保资源的有效利用。

5.3 估算成本

5.3.1 成本估算的定义

估算成本（Estimate Costs）是对完成项目工作所需资源成本进行近似估算的过程。本过程的主要作用是确定项目所需的资金。本过程应根据需要在整个项目期间定期开展。

成本估算是对完成活动所需资源的可能成本的量化评估，即在特定时点，根据已知信息所做出的成本预测。在估算成本时，需要识别和分析可用于启动与完成项目的备选成本方案；需要权衡备选成本方案并考虑风险。同时，应该考虑到通货膨胀和融资对项目成本的影响。

进行成本估算，应该考虑项目收费所涉及的全部资源，一般包括人工、材料、设备、服务、设施，以及一些特殊的成本种类，如通货膨胀补贴、融资成本或应急成本。成本估算可在活动层级呈现，也可以通过汇总形式呈现。在项目过程中，应该随着更详细信息的呈现和假设条件的验证，对成本估算进行持续的审查和优化。

【Tips】：对易变性高、范围并未完全明确、经常发生变更的项目，详细的成本计算可能没有多大帮助。在这种情况下，可以采用轻量级估算方法快速生成对项目人力成本的高层级预测，这样在出现变更时容易调整预测，而详细的估算适用于采用准时制的短期规划。如果易变的项目也遵循严格的预算，通常需要更频繁地更改范围和进度计划，确保始终保持在成本预算之内。

【例 5-7】：在项目生命周期中，项目估算的准确性将随着项目的进展而逐步提高。例如，在启动阶段可得出项目的粗略量级估算，其区间为-25%～＋75%；之后，随着信息越来越详细，确定性估算的区间可缩小至-5%～＋10%。某些组织已经制定出相应的指南，规定何时进行优化，以及每次优化所要达到的置信度或准确度。

5.3.2 成本估算的方法

成本估算的方法主要包括以下几种：

1. 类比估算法

类比估算使用相似活动或历史项目的数据，来评估某一活动或项目的持续时间或成本。类比估算以过去类似项目的参数值为基础，来估算当前项目的同类参数或指标。类比估算通常成本较低、耗时较少，但准确性也较低。类比估算是一种粗略的估算方法，在项目详细信息不足时，经常使用类比估算方法。如能找到实质上类似的项目，并且估算人员经验丰富，可以提高类比估算的准确度。

【Tips】：类比估算法的优点：成本较低、耗时较少；缺点：信息量模糊，估算准确度低。

2. 自下而上估算法（清单估算法）

自下而上（Bottom-up）估算法：先分别估算项目每一组成部分的成本，再将它们综合起来得到整个项目的成本。这种方法通常十分详细而且耗时但是估算精度较高，它可对每个工作包进行详细分析并估算其成本，然后统计得出整个项目的成本。

这种方法的优点是工料清单为项目成本估计提供了相对详细的信息，所以它比其他方式的成本估算更为精确。这种基于项目详细工料资源需求清单的项目成本估算方法能够给出一个最接近实际成本的成本估算结果。

缺点在于要求有详细的工料消耗和占用量信息，这种信息的获得需要大量的时间和经费的支持。另外，这种成本估算方法所需的工料消耗与占用数据本身也要有明确数据来源，而且这些数据经常是过时的数据，所以这种方法往往需要在成本估算中做出各种各样的项目成本费率调整。在项目组估算时可能出现"虚报"现象。

> 【Tips】：自下而上估算法的优点：成本估算比较准确，符合实际；缺点：信息采集量大，耗时费工成本高。

3. 参数模型估算法

参数估算是指基于历史数据和项目参数，使用某种算法来计算成本或持续时间。它是指利用历史数据之间的统计关系和其他变量（如房屋装修中单位面积油漆材料成本）来估算诸如成本、预算和持续时间等活动参数。参数估算的准确性取决于参数模型的成熟度和基础数据的可靠性。

> 【Tips】：参数模型估算法的优点：信息采集量小，省时节约费用，易于使用；缺点：不校验则准确性无法保证，无法适应变化。

在计划编制阶段成本估算的精确度一般较低，既可以采用自上而下的估算方法，也可以采用自下而上的估算方法。但在项目生命周期的概念形成阶段和启动阶段，成本估算通常采用量级估算，一般采用自上而下的估算方法，辅助进行可行性决策研究。

> 【扩展资料 5-2】：项目管理中有多种估算方法，不同的估算方法适用的条件和精确度均有差异，项目管理人员应结合实际情况来选用最合适的估算方法。总体来说，项目管理估算应该遵循以下 5 项基本原则：
> （1）估算对象应为每个活动或工作包。
> （2）估算活动应该由最熟悉活动或工作包的人来进行。
> （3）估算是在特定时点，根据已知信息做出的进度或成本预测。
> （4）估算时需要识别和分析备选方案。
> （5）估算的准确性将随着项目的进展而逐步提高。

4. 三点估算

通过考虑估算中的不确定性与风险，使用 3 种估算值来界定活动成本的近似区间，可以提高单点成本估算的准确性。

（1）最可能成本（C_m）：对所需进行的工作和相关费用进行比较现实的估算，所得到的活动成本。

（2）最乐观成本（C_o）：基于活动的最好情况所得到的成本。

（3）最悲观成本（C_p）：基于活动的最差情况所得到的成本。

基于活动成本在 3 种估算值区间内的假定分布情况，使用公式来计算预期成本。两种常用的公式是三角分布和 B（贝塔）分布，其计算公式分别为：

如果活动成本服从 B（贝塔）β 分布，期望成本：$C_e = \dfrac{C_o + 4C_m + C_p}{6}$。

如果活动成本服从三角分布，期望工期：$C_e = \dfrac{C_o + C_m + C_p}{3}$。

基于三点的假定分布计算出期望成本，并说明期望成本的不确定区间。

5. 数据分析

（1）备选方案分析。

备选方案分析是一种对已识别的可选方案进行评估的技术，用来决定选择哪种方案或使用何种方法来执行项目工作。

（2）储备分析。

为应对成本的不确定性，成本估算可纳入应急储备。应急储备是成本基准内的预算组成部分，用来应对已经接受的已识别风险，以及已经制定应急或减轻措施的已识别风险。应急储备作为预算的一部分，用来应对那些会影响项目的"已知-未知"风险。

而随着项目信息越来越明确，可以动用、减少或取消应急储备，应该在成本文件中清楚地列出应急储备，应急储备是成本基准的一部分，也是项目整体资金需求的一部分。

（3）质量成本。

在估算时，可能要用到关于质量成本的各种假设，这包括对不同情况进行评估：是为达到要求而增加投入，还是承担因不符合要求而造成的成本；是寻求短期成本的降低，还是承担产品生命周期后期频繁出现问题的后果。

【扩展资料 5-3】：敏捷项目管理的发展应用逐步增多，主要有以下 3 种方法。

（1）功能点，是对信息系统中业务功能数量的估算，可以用于计算软件系统的功能规模。

（2）相对估算，是在考虑人力投入、复杂性和不确定性的基础上针对类似工作进行的估算。相对估算不一定基于成本或时间的绝对单位。故事点估算是相对估算中使用的一种常见的无单位的测量方法。

（3）故事点估算，涉及分配项目团队成员实施用户故事所需的抽象的但相关联的人力投入的点数。它可使项目团队在考虑项目复杂性、风险和人力投入的前提下了解故事的难度。

5.4　制定预算

5.4.1　制定预算的定义与组成

制定预算（Determine Budget）是汇总所有单个活动或工作包的估算成本，建立一个经批准的成本基准的过程。本过程的主要作用是，确定可以用以监督和控制项目绩效的成本基准。本过程仅开展一次或仅在项目的预定义点开展。

项目预算包括经批准用于执行项目的全部资金，而成本基准是经过批准且按时间段分配的项目预算，包括应急储备，但不包括管理储备。

成本基准（Cost Baseline）：经过批准的、按时间段分配的项目预算，不包括任何管理储备，只有通过正式的变更控制程序才能变更，是用作与实际结果进行比较的依据。成本基准是不同进度活动经批准的预算的总和。

管理储备（Management Reserve）：在绩效测量基准之外，留作管理控制之用的一部分项目预算，专为项目范围中不可预见的工作而预留，目的是用来应对影响项目的"未知-未知"风险。管理储备不包括在成本基准中，但属于项目总预算和资金需求的一部分，使用前需要高层管理者审批。

应急储备（Contingency Reserve）：包含在成本基准内的一部分预算，项目管理中可支配，用来应对"已知-未知"风险。

【Tips】：应急储备包含在最终的基准中，项目经理可以直接使用，不需要走变更流程。管理储备不包含在基准中，项目经理需要走变更流程申请才能使用。如果动用管理储备，动用的管理储备应该被纳入基准中，从而导致成本基准变更。

【扩展资料 5-4】：项目管理理论中，项目风险被分为 3 种类型：

（1）已知-已知——明确可能发生什么风险，且对风险发生的可能性和影响有准确了解。一个常被引用的例子就是人的死亡。

（2）已知-未知——明确可能发生什么风险，但对风险发生的几率和严重性并不了解。一个例子就是机器会发生故障的风险。

（3）未知-未知——不了解可能发生什么风险，因此也不了解发生的几率和影响的严重性。例如在城市地下综合管廊建设中，施工到某区域时，意外发现一处未知年代的古代遗址，且具有较高的历史文化价值。按照相关规定，项目必须暂停施工，等待文物部门进行考古发掘与评估。

项目成本预算和成本基准的各个组成部分如图 5-1 所示。先汇总各项目活动的成本估算及其应急储备，得到相关工作包的成本；然后汇总各工作包的成本估算及其应急储备，得到控制账户的成本；接着再汇总各控制账户的成本，得到成本基准；最后，在成本基准之上增加管理储备，得到项目预算。当出现有必要动用管理储备的情况时，则应该在变更申请获得批准之后，把适量的管理储备移入成本基准中。

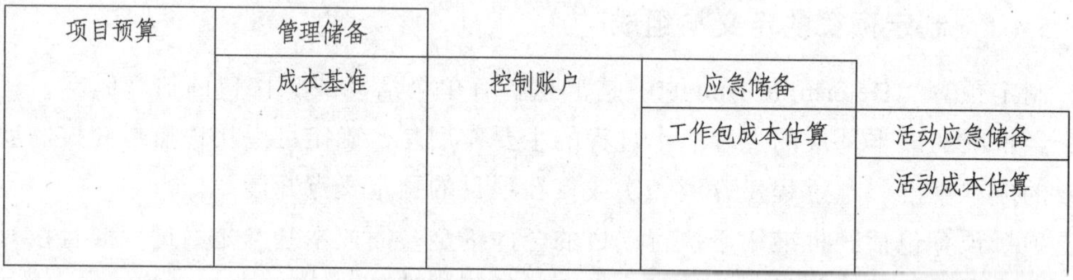

项目预算	管理储备		
	成本基准	控制账户	应急储备
		工作包成本估算	活动应急储备
			活动成本估算

图 5-1　项目预算组成

根据成本基准，确定总资金需求和阶段性资金需求。成本基准中既包括预计的支出，也包括预计的债务。项目资金通常以阶梯状的形式，增加非连续的投入。

制定预算的工具和方法有很多。类比估算法、参数估算法同样适用于成本预算计划；此外，资金限制平衡法，是在既定的资金限制下，确保项目各阶段、各部位和整个项目有足够的资金，但可能会导致进度计划的改变。

【例 5-8】：硬件项目和工程项目相对于软件项目更容易做预算，因为硬件类、工程类项目的 BOM 结构都非常清晰，都可直接换算为成本，如涉及哪些硬件设备、安装的时间、调测的时间等，都可以通过公式计算；而对于软件项目而言评估预算就相对复杂了，因为软件项目的研发对象是二进制代码产品，其难度、周期都不好评估，导致费用也不好评估。而其中部分费用占了软件项目费用的最大比例，因此需要重点探讨怎样合理评估软件研发难度和周期。

5.4.2　累计成本曲线

成本基准中的成本估算与活动进度直接关联，因此可按时间段分配成本基准，得到一条 S 曲线。这条 S 曲线就是累计成本曲线，又叫累计时间成本曲线，其也可以是现金流动曲线。它是反映整个项目或项目中某个相对独立部分的累计成本。它可以从成本预算计划中直接导出，也可以单独建立。

S 曲线表示累积趋势呈浅 "S" 形分布。开始平，中间变陡，最后又变平。这种形状对于大多数项目来说都是典型的。对于大多数项目来说，在整个项目实施期内单位时间（以天、周、月、季等为单位）的资源消耗（人、财、物的消耗）通常是中间多而两头少。由于这一特性，资源消耗累加后便形成一条中间陡而两头平缓的形如"S"的曲线。

利用各工序的最早开始时间和最迟开始时间制作的累计成本曲线称为香蕉形曲线。"香蕉"形曲线是两条 S 曲线组合成的闭合曲线，如图 5-2。最早 ES（earliest Star）曲线和最迟 LS（latest Star）曲线，其占用资金的周期与利息成本是不同的。最早 ES 曲线呈现快速启动特征。假定在项目的早期消耗了更多的资源，这可能发生在重复性的项目，这类项目需要很少的计划和准备时间。最早 ES 曲线的其他例子是那些从一开始就加速的项目，或者需要尽早修复损坏的项目。动员成本和存款也将倾向于最早 S 曲线。在最早曲线上需要问的问题是，该计划的基础是什么，以及资源是否可用。

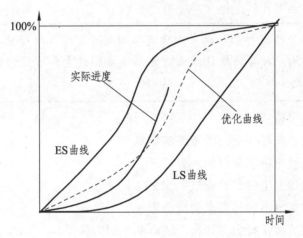

图 5-2 "香蕉"形曲线

最迟 LS 曲线开始时斜率较低，在项目接近尾声时越来越陡，这些曲线通常都是反向加载的。在最新的进度曲线中，大多数资源假定在项目的后期使用。最迟 S 曲线表明：初期规划与设计占比很大，而施工时间相对。

如果接近 ES 曲线，那么延期风险小，但是过早投入资金不利于资金最大化利用。反过来，接近 LS 曲线，虽然有延期风险，但是资金可以用于前期投资其他项目，可以实现最大的资金效益。

【Tips】：从进度角度，追求所有活动最早开始；从成本角度，追求所有活动最晚开始。

香蕉形曲线表明了项目成本变化的安全区间，在项目的实施中进度控制的理想状况是按任一时刻实际进度描绘的点，应落在该"香蕉"形曲线的区域内。实际发生的成本变化如不超出两条曲线限定的范围，就属于正常变化，可以通过调整开始和结束的时间使成本控制在计划的范围内。如果实际成本超出这一范围，就要引起重视，查清情况，分析出现这一情况的原因。如果有必要，应迅速采取纠正措施。

【Tips】：香蕉形曲线不仅可以用于成本控制，还是进度控制的有效工具。

5.5 控制成本

5.5.1 控制成本的定义

控制成本（Control Costs）是监督项目状态，以更新项目成本和管理成本基准变更的过程。本过程的主要作用是，发现实际与计划的差异，以便采取纠正措施，降低风险，在整个项目期间保持对成本基准的维护。

【例 5-9】：经常发生这样的情况：由于成本的失控，许多项目管理者并不知道项目当前的成本状况，只有到项目结束时才知道实际开支和项目的赢利水平，而此时一切损失已经无法挽回。

项目成本控制包括：

（1）对造成成本基准变更的因素施加影响。

（2）确保所有变更请求都得到及时处理。

（3）当变更实际发生时，管理这些变更。

（4）确保成本支出不超过批准的资金限额。

（5）监督成本绩效，找出并分析与成本基准间的偏差。

（6）对照资金支出，监督工作绩效。

（7）防止在成本或资源使用报告中出现未经批准的变更。

（8）向相关方报告所有经批准的变更及其相关成本。

（9）设法把预期的成本超支控制在可接受的范围内。

在项目管理中，成本控制是确保项目在成本预算范围内开展的关键。然而，尽管项目管理人员在努力规划和监控成本，项目成本超支仍然可能发生。成本超支指的是项目实际花费超出了预算，可能导致资源不足、财务问题以及项目整体的延误。成本超支的出现可以归因于多种因素，以下是一些常见的情况：

（1）项目质量标准的提高。

（2）项目进度的调整。

（3）项目实际工作量较计划有所增加。

（4）业主因项目管理失误进行索赔。

（5）市场物价的变化、汇率变化、通货膨胀等因素。

（6）不可抗力的影响（如一些天灾导致项目延期等）。

因此，尽管项目管理者努力进行项目成本控制，但成本超支的出现是一种常见的情况。为了最大程度地减少成本超支的风险，项目管理团队需要密切监控项目的进展，及时处理变更请求，灵活应对风险，以及确保资源合理配置。

5.5.2 控制成本的方法

本过程涉及的相关工具和技术包含：挣值分析、偏差分析、趋势分析、储备分析、财务分析等。

挣值分析法（Earned Value，EV）是项目成本控制中经常采用的一种技术性分析方法。它主要衡量目标实施与目标计划之间的差异，又叫成本偏差分析法。利用挣值分析法对项目成本进行管理和控制的基本原理是根据预先制订的项目成本计划和控制基准，在项目工程实施后，定期进行比较分析，然后调整相应的工作计划并反馈到实施计划中去。

> 【扩展资料 5-5】：挣值的概念起源于 19 世纪末至 20 世纪初的工业工程，20 世纪 60 年代由美国空军作了进一步的拓展，1967 年推出了费用/进度控制系统的准则（Cost/Schedule Control Systems Criteria，C/SCSC），形成项目"挣值"管理的雏形。20 世纪 90 年代初期，由美国政府和工业界联合进行的对全面质量管理（QTM）的研究使 C/SCSC 得到了充足的改善和提高。在 C/SCSC 的基础上，美国项目管理学界开发出了被称为"挣值管理（EVM）"的项目成本与工期的集成管理技术方法。

1. 挣值分析基本指标

挣值分析法主要通过计划值 PV、挣值 EV、实际成本 AC 这 3 个基本量的比较分析对项目成本、进度状态进行有效监控。

（1）计划值 PV（Planed Value）。

计划值是为计划工作分配的经批准的预算；是指截止到目前，计划完成工作（量）的预算值是多少，即计划工作量的预算成本（BCWS，Budgeted Cost for Work Scheduled）。

（2）挣值 EV（Earned Value）。

挣值=预算成本×实际完成工作量的百分比

挣值对已完成工作的测量，用该工作的批准预算来表示；是指截止到目前，以货币值来衡量的实际完成的工作（量）是多少，即已完工作量的预算成本（BCWP，Budgeted Cost for Work Performed）。

（3）实际成本 AC（Actual Cost）。

实际成本是在给定时间段内，因执行项目活动而实际发生的成本；是指截止到目前，完成工作（量）的实际支出是多少，即已完成工作量的实际成本（ACWP，Actual Cost for Work Performed）。

> 【Tips】：计划价值 PV=计划工作量×计划单价
> 　　　　实际成本 AC=实际工作量×实际单价
> 　　　　挣值 EV=实际工作量×计划单价

2. 偏差分析

偏差分析（Variance Analysis）是确定实际绩效与基准的差异程度及原因的一种技术。通过以上三个指标，计算两个偏差和两个绩效。

（1）成本偏差 CV（Cost Variance）。

$$CV=EV - AC$$

项目成本偏差是在某个给定时间点，预算亏空或盈余量，表示为挣值与实际成本之差；指已完成工作预算成本与实际成本的绝对差异，即挣值 EV 与实际成本 AC 的差值。

（2）项目进度偏差 SV（Schedule Variance）。

$$SV=EV - PV$$

项目进度偏差是测量进度绩效的一种指标，表示为挣值与计划值之差；是以货币来衡量的已完成工作量与计划工作量的绝对差异，即挣值和计划值的差值。

（3）成本绩效指数 CPI（Cost Performance Index）。

$$CPI=EV/AC$$

成本绩效指数是测量进度绩效的一种指标，表示为挣值与计划值之比；衡量的是正在进行的项目的成本效率，用挣值除以实际成本来计算。

（4）进度绩效指数 SPI（Schedule Performance Index）。

$$SPI=EV/PV$$

进度绩效指数是衡量进度绩效的一种指标，表示为挣值与计划值之比。正在进行的项目进度情况，用挣值除以计划值来计算。

项目成本偏差 CV 和成本绩效指数 CPI 是衡量项目成本是否超支的重要指标。当 CV>0 或 CPI>1 时，说明项目成本仍在预算内；当 CV<0 或 CPI<1 时说明项目超支。

项目进度偏差 SV 和进度绩效指数 SPI 是衡量进度是否滞后的重要指标。当 SV>0 或 SPI>1 时，说明项目进度提前，当 SV<0 或 SPI<1 时说明项目进度滞后。

基于当前的挣值估计，利用挣值分析法还可预算 3 个指标。

（1）完工成本估算 EAC（Estimate at Complete）。

完工成本估算是指在当前执行情况的基础上，估计整个项目完工所需的总成本。该指标通常有 3 种计算方式。

当出现的偏差被视为非典型特例，而且项目团队预计将来不会出现类似偏差时，采用公式：

$$EAC=BAC+AC-EV=BAC-CV \qquad (5\text{-}1)$$

当项目未完成部分将按照目前的效率进行下去时，采用公式：

$$EAC=BAC/CPI \qquad (5\text{-}2)$$

当以往绩效表明原有估算有重大缺陷时，或者由于情况改变，原有假设不再适用时，采用公式：

$$EAC=ETC+AC \qquad (5\text{-}3)$$

在实际应用中，常常考虑项目未完成部分将按照目前的效率进行下去，因此较多采用公式（5-2）进行计算，具体使用根据实际情况而定。

（2）完工尚需估算 ETC（Estimate to Complete）。

$$ETC=EAC-AC$$

完工尚需估算是在当前执行情况的基础上对剩余活动成本估算，通常表现为完工成本估算和当前实际花费成本的差值。

（3）完工时间估算 ETTC（Estimate Time to Complete）。

$$ETTC=计划工期/SPI$$

完工时间估算是指在当前执行情况的基础上，完成整个项目所需的总时间，采用总计划工期除以进度绩效指数即可求得。

3. 趋势分析

趋势分析旨在审查项目绩效随时间的变化情况，以判断绩效是正在改善还是正在恶化。图形分析技术有助于了解截止目前的绩效情况，并对发展趋势与未来的绩效目标进行比较，如 BAC 与 EAC、预测完工日期与计划完工日期的比较。

图 5-3 为挣值分析法评价曲线，该方法在实际运用中，最理想的状态应该是 AC、PV、EV3 条曲线靠得很近、平稳上升，表示项目按计划目标进行。如果 3 条曲线离散程度不断增加，说明项目可能发生了一些关系到项目成败的重大问题。

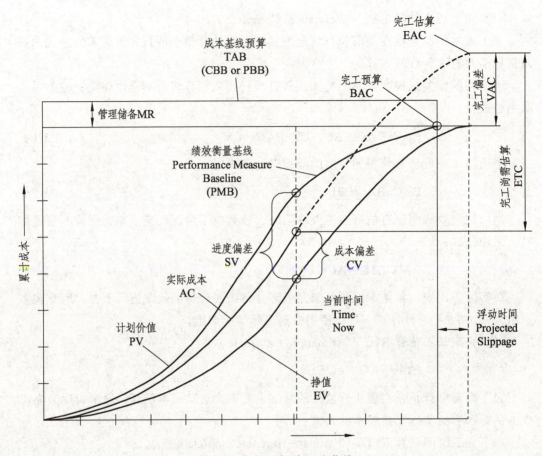

图 5-3　挣值分析法评价曲线

4. 挣值分析法的步骤

挣值分析法一般经过以下 5 个步骤：

（1）根据项目各合同、计划数据编制成本极限，确定检查点上的 PV。

（2）记录到检查点为止项目成本使用的实际情况，确定检查点上的 AC。

（3）进一步度量到检查点为止项目任务完成情况，确定检查点上的 EV。

（4）通过计算 CV 和 SV（或者 CPI 和 SPI），判断项目执行情况。

（5）如果偏差超过允许范围，则需要找出原因，并提出改正措施。

根据挣值分析法的 3 个基本参数的相互关系，得出 6 种可能情况，如表 5-3 所示。

表 5-3　挣值分析法不同参数关系情形分析

情况	参数关系	图例	分析	措施
1	AC>EV>PV, CV<0, SV>0		进度较快,有所超前;但成本效率偏低导致成本花费高于预计水平	适当通过减缓项目进展强度,降低成本,提高成本效率
2	EV>AC>PV, CV>0, SV>0		成本效率较高;由于项目超前高速进展,实际成本花费显示偏高	在保持目前状况前提下,可以按情况适当抽调出一部分人员加速其他进度较低的项目进展
3	AC>PV>EV, CV<0, SV<0		成本效率很低;项目进度也落后于计划,实际花费较高	撤换低效的人员,全面强化成本绩效管理,调整项目进程计划
4	EV>PV>AC, CV>0, SV>0		成本效率很高;同时项目进展速度也有所超前,实际成本花费偏低	保持目前状态的前提下,可以根据需要加大成本投入,加速项目进展
5	PV>EV>AC, CV>0, SV<0		成本效率较高;但项目进度较慢,低于计划水平,实际花费较低	增加人员,加大投入力度,采取激励措施,全面加速项目进展速度
6	PV>AC>EV, CV<0, SV<0		成本效率较低;项目进度远落后于项目计划,实际花费较高	增加高效人员,强化工作标准,加速项目进展,同时注意监控成本

挣值分析法实际上是一种综合的绩效度量技术，既可用于评估项目成本变化的大小、程度及原因，又可用于对项目的范围、进度进行控制，将项目的范围、费用、进度整合在一起，帮助项目管理者评估绩效。该方法在项目成本控制中的运用，可确定偏差产生的原因、偏差的量级和决定是否要采取行动纠正偏差。实际应用中项目成本控制的方法除挣值分析法外，还有项目成本表分析法、成本因素分析法等。

项目成本控制可以有效控制项目的范围及变更。虽然很多时候项目实施的最大约束就是成本，但成本控制也为项目带来了很多好处。首先，项目成本控制规范了项目变更，增加预算或减少预算都需要进行变更申请，便于管理者确定变更是否有必要以及根据预算能否满足所提出的项目变更。其次，成本控制有助于提高项目的费用成本管理水平，有助于项目团队发现更为有效的项目实施办法，从而降低项目成本，同时有助于项目管理人员加强经济核算，提高经济效益。

【例 5-10】：某项目由 A、B、C、D、E、F 共计 6 个任务构成，该项目目前执行至第 5 周末，各项工作在其工期内的每周计划成本、实际成本和计划工作量完成情况如图 5-4 所示。

（1）根据图中提供的信息，计算出截至第 5 周末该项目的计划工作量的预算成本、已完成工作量的实际成本和已完工作量的预算成本。

（2）计算第 5 周末的成本偏差 CV、进度偏差 SV、完工成本估算 EAC 和完工时间估算 ETTC，说明结果的实际含义。

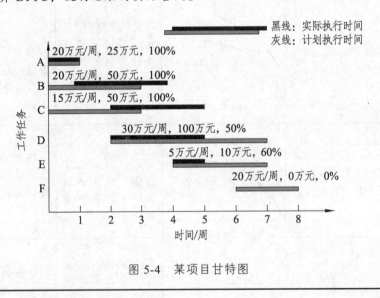

图 5-4 某项目甘特图

思考题

1. 项目成本管理包括哪 4 个过程？
2. 应急储备和管理储备的区别是什么？
3. 成本估算和成本预算的异同有哪些？
4. 简述挣值分析法的原理和步骤。

第6章 项目质量管理

本章要求理解质量和质量管理的意义，了解质量和成本的之间的关系，重点掌握质量控制的几种工具，理解每种工具的特点和用途，并能够在实际中应用。

项目目标是每个人的共识，项目进度虽时有延误，但相对容易衡量也比较可控，而项目质量则属于非常重要但却容易被忽视的要素。导致项目质量被经常性忽视的原因有两点：首先从广义上讲，项目质量不容易辨识；其次，就算知道也很难衡量和控制。所以，做好项目质量管理的第一步是在项目开始前，除了确定项目目标外，还要清楚该项目的质量是什么，然后再考虑如何保证质量并制定衡量质量的标准。

6.1 项目质量管理概述

6.1.1 质量的定义和相关概念辨析

1. 质量的定义

随着社会、经济和科学技术的不断发展，质量的定义也在不断地充实、完善和深化。传统意义上对质量的认识从生产者角度来看是指产品符合规定要求的程度或产品与标准的偏差，从用户的角度来看是指产品的适应性。但随着社会进步，质量定义的对象进一步扩展到了服务和过程。随着竞争的多样化，质量成了主要竞争因素之一，产品生产者以及后来的服务提供者都不得不将他们的关注重点从工程设计转向了顾客的期望。在这种情况下，他们发现顾客的观点反映了顾客的需求、期望、生活观，以及近年来所产生的社会价值观。这种新的认识为当代质量定义奠定了新的基础。在20 世纪 50 年代，质量定义增加了使用的适应性，进入到 20 世纪 70 年代，诸如需求、期望、生活观、社会价值观等更高水平的质量定义占据了主导地位。

质量并不是一成不变的，不同层次的消费者，或同一消费者在不同时期和情况下，对同一类型产品、服务或过程的质量都具有不同的要求。需求和期望因人而异，所提供的产品和服务也不尽相同。

> 【例 6-1】：燃油汽车和电动汽车的质量要求存在显著差异。燃油汽车的主要质量要求集中在发动机性能、燃油效率和排放标准上，而电动汽车则更注重电池性能、续航能力和安全性。

有些产品和服务的质量是有明确定义的，而有些产品和服务的质量则是隐含的。因此，质量定义不能仅仅基于一个维度。

> 【例 6-2】：人们购买奢侈品，不是因为奢侈品的使用性购买，而是因为这些奢侈品满足了他们的需求和期望。

目前，被广泛接受的定义：质量是产品、服务或过程各自对顾客需求的适应性，即满足顾客需求的能力。如今对质量的认识和定义都是基于满意性质量要求，即全面顾客满意（包括显性、隐性和意料之外）。国内外学者或研究机构对质量的定义如表 6-1 所示。

表 6-1　国内外学者或研究机构对质量的定义

学者或研究机构	定义	说明
国际标准化组织（ISO）	实体一系列内在特性满足要求的程度（反映实体能满足明确和隐含需求能力的总和）[1]	反映实体满足明确的或隐含需要的能力特征总和
中国全国质量管理和质量保证标准化技术委员会（SAC/TC 151）	一组固有特性满足要求的程度[2]	固有特性是指在某事或某物中本来就有的特征
美国质量学会（ASQC[3]）	质量是指产品或服务满足特定需求的能力所具有的特征和特性的总和[4]	意味着应将客户需求转化为产品特征和特性
日本工业标准协会	质量是一种系统行为，以经济的方式生产满足客户需求的商品或服务	一个工业标准，站在经济的、商业的角度阐述
克劳斯比（Philip Crosby）	质量就是符合要求[5]	从生产角度定义
朱兰（Joseph M. Juran）	质量就是达到要求并适合使用[6]	从顾客的角度出发
戴明（W. Edwards. Deming）	低成本条件下可预测的一致性和可靠度，适应市场需要[7]	质量的一个重要成分是改进其一致性
田口玄一（Genichi Taguchi）	产品从装运之日起，直到使用寿命完结为止，给社会带来的损失程度	认为只要质量特性值偏离目标值就会产生质量损失

2. 质量和等级

（1）质量作为实现的性能或成果，是"一系列内在特性满足要求的程度"（ISO 9000）。

---

1 ISO 9000:2015 条款 3.6.2 中对质量的定义：Degree to which a set of inherent characteristics of an object. fulfils requirements。

2《质量管理体系基础和术语》（GB/T 19000-2016）。

3 American Society of Quality.

4 Quality is the totality of features and characteristics of a product or service that bear on its ability to satisfy given needs.

5 Quality is conformance to requirements.

6 1999 年出版的第 5 版《朱兰质量手册》对质量的定义：Fitness for Use 适于使用；2010 年，《朱兰质量手册》第 6 版中，对质量的定义：Fitness for purpose 符合目的。

7 Quality is a predictable degree of uniformity and dependability at low cost and suited to the market.

（2）等级（Grade）是对用途相同但技术特性不同的可交付成果的级别分类。

【例6-3】：一个低等级（功能有限）、高质量（无明显缺陷，用户手册易读）的软件产品，适合一般情况下使用，且被使用者认可。

　一个高等级（功能繁多）、低质量（有许多缺陷，用户手册杂乱无章）的软件产品，其功能会因质量低劣而无效或低效，不会被使用者接受。

---

3. 精确度与准确度

（1）精确度（Precision）：重复测量的结果非常聚合，离散度很小。

（2）准确度（Accuracy）：测量值非常接近实际值。

关系：精确的测量未必准确（均值问题），准确的测量也未必精确（标准差问题）。

4. 产品质量、工作质量和项目质量

产品质量：从项目作为一项最终产品来看，项目质量体现在其性能或者使用价值。

工作质量：项目质量体现在由 WBS 反映出的项目范围内所有的阶段、子项目、项目工作单元的质量。

项目质量：从项目作为一次性的活动来看，项目质量体现在由 WBS 反映出的项目范围内所有的阶段、子项目、项目工作单元的质量，即项目的工作质量；从项目作为一项最终产品来看，项目质量体现在其性能或者使用价值上，即项目的产品质量。

【Tips】：质量包括产品质量和服务质量。常见的产品质量属性包括可制造性、可用性、可靠性、可维护性、可用率、可操作性、灵活性、社会可接受性、价格可接受性等；常见的服务质量属性包括响应度、能力、可及性、礼貌、沟通、可信度、可靠性、安全性等。

---

5. 质量方针和质量目标

质量方针是指"由组织的最高管理者正式发布的该组织的质量宗旨和方向"。质量方针是总方针的一个组成部分，由最高管理者批准。体现了该组织（项目）的质量意识和质量追求，是组织内部的行为准则，也体现了顾客的期望和对顾客做出的承诺。

质量目标是指"在质量方面所要达到的目的"，它是落实质量方针的具体要求，它应该与质量方针、利润目标、成本目标、进度目标等相协调。质量目标必须明确、具体，尽量用定量化的语言进行描述，保证质量目标容易被理解。质量目标应分解落实到各阶段及项目的全体成员，以便于实施、检查、考核。

6.1.2　质量管理的含义

在 PMBOK 中，质量管理（Quality Management）是指确定质量方针、目标和职责，并通过质量体系中的质量规划、质量保证、质量控制以及质量改进来使其实现所有管理职能的全部活动。

在 ISO 9000 中，2015 年关于质量管理的定义：质量管理可包括质量方针和质量目标，以及通过质量策划、质量保证、质量控制和质量改进实现这些质量目标的过程。

我国《质量管理体系基础和术语》（GB/T19000—2000）中，关于"质量管理"的定义：质量管理就是确定和建立质量方针、质量目标及职责，并在质量体系中通过质量规划、质量控制、质量保证和质量改进等手段来使其实现所有管理职能的全部活动。

> 【Tips】：项目的质量管理与常规质量管理的区别在于：
>
> 项目质量管理是在验证了前一过程的质量以后，才会开始进行下一个过程。

> 【Tips】：质量是"反熵"的。熵，源自热力学第二定律，是指事物会自然地从有组织的状态走向无组织的状态。"反熵"是伴随着质量变化的，无论如何定义，质量都不是自然发生的事情。质量是努力且仔细工作的结果。该工作始于规划，成于考虑影响质量的因素及应用已被验证的工具，而且永远不会终结。
>
> 别指望依靠运气和巧合来获得项目执行的好质量，而要依靠科学管理。

> 【扩展资料 6-1】：日本的工程师和经理们在质量体系中增加了"内部客户"这个要素，并加入了"质量圈"和"Kaizen"（持续增量改进）等概念。从此，质量再不是一个终点，而是永无止境的征程。

> 【扩展资料 6-2】爱德华·戴明（W. Edwards Deming）、约瑟夫·朱兰（Joseph M. Juran）与菲利普·克劳士比（Philip B. Crosby）3 人，并称世界质量管理运动的领军人物，共同开创了质量管理的新时代。他们在测量、管理、质量提升方面的深刻见解对今天的组织实践具有很大的影响（见表 6-2）。

表 6-2 质量管理大师的主要贡献

质量管理大师	主要贡献
沃特·休哈特（Walter A. Shewhart）	提出了控制图这一重要的质量管理工具； 大力倡导将统计方法应用于质量管理；开创了的理论体系； 指出产品质量存在变异是客观事实，变异可分为偶然变异和异常变异。
爱德华·戴明（W. Edwards Deming）	提出 PDCA 循环，为持续改进提供基本的方法和框架； 强调质量管理中统计方法的应用，分析过程数据识别变异和改进机会； 提出了十四点管理原则，为管理者提供了质量指南。
约瑟夫·朱兰（Joseph M. Juran）	提出"质量三部曲"，即质量计划、质量控制和质量改进； 强调质量成本的重要性； 引入帕累托原理，帮助企业识别影响质量的关键因素。
石川馨（Kaoru Ishikawa）	发明了鱼骨图（因果图），用于分析质量问题产生的原因； 强调质量管理中的全员参与，认为质量是每个人的责任； 推动了质量管理工具的普及和应用。
田口玄一（Genichi Taguchi）	提出田口方法，通过实验设计和参数优化，提高产品的质量和可靠性； 引入质量损失函数，定量描述质量特性偏离目标值造成的经济损失； 强调在产品设计阶段就注重质量，通过优化设计来预防质量问题的发生

【扩展资料6-3】ISO9000质量管理体系。

　　ISO9000质量管理体系是由国际标准化组织（ISO）创立的一整套系列标准。ISO认为质量是产品或服务能满足规定或潜在需求的特性和特征的集合。ISO9000标准于1987年设立。ISO9000关心的是"质量流程"——组织所做的一切要确保其产品和服务符合顾客的要求。ISO9000并不着眼于产品的质量——而是确定组织是否通过适当的程序来确保生产的产品具有高质量。ISO9000认证表明企业拥有生产优质产品的能力。ISO9000是国际标准化组织的执行标准（即英文版本）。GB/T 19000是将上述标准转换为了中文，属于中国推荐性标准。

6.1.3　质量管理的过程

　　质量管理是指为了实现质量目标而进行的所有质量性质的活动。质量管理过程主要包括3个过程，如表6-3所示。

　　（1）规划质量管理（Plan Quality Management）：识别项目及其可交付成果的质量要求或标准，并书面描述如何证明符合质量要求的过程。

　　（2）管理质量（Manage Quality）是把组织的质量政策用于项目，并将质量管理计划转化为可执行的质量活动的过程。

　　（3）控制质量（Control Quality）是为了评估绩效，确保项目输出完整、正确，并满足客户期望，而监督和记录质量管理活动执行结果的过程。

表6-3　项目质量管理的过程

过程组	管理过程	输入	工具与技术	输出
规划	规划质量管理	项目章程； 项目管理计划； 事业环境因素； 组织过程资产	专家判断； 数据分析； 会议	质量管理计划； 质量测量指标； 项目管理计划（更新）； 项目文件（更新）
执行	管理质量	项目管理计划； 项目文件； 事业环境因素； 组织过程资产	专家判断； 类比估算； 参数估算； 自下而上估算； 三点估算； 数据分析； 项目管理信息系统； 决策	质量报告； 测试与评估文件； 变更请求； 项目管理计划（更新）； 项目文件（更新）
监控	控制质量	项目管理计划； 可行性研究文件； 项目文件； 协议； 事业环境因素；	专家判断； 成本汇总； 数据分析； 历史信息审核； 资金限制平衡；	工作绩效信息； 质量控制测量结果； 核实的可交付成果； 变更请求； 项目管理计划（更新）；

		组织过程资产	融资	项目文件（更新）

【Tips】：规划质量管理过程是建立质量管理体系，管理质量过程是执行质量管理体系，控制质量过程是检查质量管理体系的执行结果。

6.1.4 质量管理的发展

质量管理的发展大致经历了以下几个阶段。

1. 质量自检阶段

这一阶段在工业化之前，主要在手工业时代存在。在这个时期，质量控制主要依赖于工匠的技能和经验。每个产品都由单个工匠手工制作，质量检查主要是由工匠自己完成。这个时期的质量管理非常分散和依赖于个人技能。

2. 质量检验阶段——质量 1.0

从 20 世纪初到 20 世纪 40 年代，这一阶段的质量管理侧重于在生产完成后对产品进行检验和筛选，以确保符合标准。质量控制主要是在生产之后进行，被称为"事后把关"。这一阶段的方法主要是依靠检验员和抽样检查。

3. 统计质量控制（SQC）阶段——质量 2.0

从 20 世纪 40 年代到 20 世纪 60 年代，这一阶段的关键概念是"事前预防"，强调在产品制造过程中采取预防性措施以避免缺陷的出现。统计质量控制（SQC，Statistical Quality Control）通过对生产过程中的数据进行收集、分析和解释，了解产品质量的波动规律，进而采取措施加以控制和改进。

4. 全面质量管理（TQC）阶段——质量 3.0

从 20 世纪 60 年代初开始，进入全面质量管理（Total Quality Control/Management，TQC 或 TQM）阶段。全面质量管理是一种以公司为主导的方法，以确保公司内部的所有活动都能满足客户的要求和期望。该阶段强调整个组织范围内的质量管理，包括所有员工和所有流程。它的理念是"全面、全员、全过程"，要求每个员工都参与到质量管理中。这一阶段的关键概念是不仅要解决产品质量问题，还要解决组织文化、流程和系统中的问题，以实现质量的全面提升。

事实上，从手工业时代的质量自检模式，到 20 世纪初的质量检验阶段，都还停留在"事后把关"的观念中。这样并不能从源头上避免质量不合格的产品产生。直到统计质量控制阶段，人们的观念才从"事后把关"逐渐转变到"事前预防"，学会从源头上控制产品质量，此时的质量管理才逐步走向正轨，到全面质量管理阶段，质量管理的思想便逐渐趋于成熟。

【Tips】：全面质量管理的 4 个核心的特征：全员参加的质量管理、全过程的质量管理、全面方法的质量管理、全面结果的质量管理。

5. 质量 4.0

根据美国质量协会的定义，质量 4.0 是工业 4.0 环境下质量和组织优化的未来，涉及将质量管理实践与工业 4.0 技术（如人工智能和数字化）相结合，以实现企业创新效率和绩效的提升。质量 4.0 使质量管理人员能够以全新的方式开展质量管理工作。质量 4.0 是质量管理的进一步扩展，全程监控所有对产品价值链有贡献的活动。它通过自动化检查、高级数据分析和分析结果集成，将质量管理活动从被动或主动的活动转变为预测性的活动。

工业 4.0 技术降低了质量成本，包括抽样和检验成本，并通过同时监控生产过程和产品来提高性能。工业 4.0 还改善了基于即时数据流的与质量相关的决策活动。质量 4.0 的主要优势包括缺陷预测、智能质量控制、实时动态质量监测和提供整体检测解决方案。因此，在质量 4.0 环境下，以前无法获得的信息可以实时获得，复杂的运作问题可以高效处理，并且通过先进的系统实现质量的自动监测和改进。通过实施质量 4.0，可以改善产品设计和运营效率，减少不合格品和缺陷率，并确保按时交货，从而大幅降低质量成本。此外，由于早期缺陷检测和消除故障根源，它可以提高企业的反应能力和客户满意度，并加快产品上市的时间。

> 【扩展资料 6-4】第一次工业革命出现在 18 世纪 60 年代，其标志为蒸汽动力和机械生产，因此被称为"机械化"。第二次工业革命开始于 19 世纪 70 年代，将工业生产推动至大规模生产并采用电力驱动的装配线，因此被称为"电气化"。第三次工业革命开始于 20 世纪 70 年代，促通过电子、电信和计算机技术实现了工业生产自动化，因此被称为"自动化"。第四次工业革命，称为工业 4.0，以智能设备、识别技术、定位技术和导航设备以及机器人技术为启动标志。

6.2 规划质量管理

6.2.1 规划质量管理的含义

规划质量管理（Plan Quality Management）是识别项目及其可交付成果的质量要求或标准，并书面描述如何证明符合质量要求的过程。本过程的主要作用是，为在整个项目期间如何管理和核实质量提供指南和方向。本过程仅开展一次或仅在项目的预定义点开展。

规划质量应与其他规划过程并行开展。

> 【Tips】：规划质量管理是连接质量目标和具体质量管理活动之间的桥梁和纽带。

项目质量规划的实施步骤包括：

（1）确定质量标准和目标。根据项目需求、利益相关者的期望和行业标准，确定项目的质量标准和目标。

（2）制定质量管理计划。基于确定的质量标准和目标，制定质量管理计划，明确质量管理的方法和责任。

（3）定义质量指标。确定用于衡量项目成果质量的指标，确保这些指标是可量化和可跟踪的。

【例 6-4】：质量测量指标：按时完成的任务的百分比、以 CPI 测量的成本绩效、故障率、识别的日缺陷数量、每月总停机时间、每个代码行的错误、客户满意度分数，以及测试计划所涵盖的需求的百分比（即测试覆盖度）。

（4）规划质量改进。识别潜在的质量问题和改进机会，规划相应的预防和纠正措施。

6.2.2　质量成本分析

适用于规划质量过程的数据分析技术，包括成本效益分析、质量成本分析等。成本效益分析（Cost-Benefit Analysis）是用来评价备选方案优势和劣势的财务分析工具，以确定可以创造最佳效益的备选方案。成本效益分析可帮助项目经理确定规划的质量活动是否具有成本有效性。对每个质量活动进行成本效益分析，就是要比较其可能成本与预期效益。

质量成本分析（Quality Cost Analysis）是将质量投入与质量损失联系起来的一种考虑质量问题的方法。项目质量成本（COQ，Cost of Quality）是指实施项目质量管理活动所需支出的有关费用，包括一致性成本和不一致成本。

$$质量成本=一致性成本＋不一致成本$$

一致性成本（Cost of Consistence）是为了确保项目或产品符合特定的标准、规范或约定而需要付出的成本。不一致成本（Cost of Inconsistence）是由于质量与要求或者规范不一致而造成的成本。

$$一致性成本=预防成本＋评估成本$$

$$不一致成本=内部失败成本＋外部失败成本$$

（1）预防成本（Prevention Cost）。为确保项目质量而进行预防工作所发生的成本，如实施预防措施、改进过程、培训、审计等带来的成本。

（2）评估成本（Appraisal Cost）。评估、测量、审计和测试特定项目的产品、可交付成果或服务所带来的相关成本。

【例 6-5】：包括破坏性测试损失所带来的成本。

（3）内部失败成本（Internal Failure Cost），是由于产品和服务不符合规格或顾客的需要而产生的陈本，不合格产品在到达顾客前就被发现。

【例 6-6】：返工、实施缺陷修复、实施改正措施、重新测试的成本以及报废成本。

（4）外部失败成本（External Failure Cost），指产品和服务发送到顾客以后，由于不符合要求或不能满足顾客需要而产生的成本，通常会带来较为严重的后果。

【例 6-7】：除返工和废品外，还有免费保修、召回产品、重新发布、处理投诉、承担连带责任、丢失顾客、声誉扫地等带来的成本。

内部和外部失败成本统称为不一致成本，或不良质量成本（COPQ，Cost of Poor Quality)。这 4 个成本的大小关系：

$$预防成本<评价成本<内部失败成本<外部失败成本$$

质量与成本的关系如图 6-1 所示。随着质量的升高，评估成本和预防成本逐渐升高，而不良质量成本逐渐下降，质量总成本呈现一个先减小后增加的过程。因此，质量管理就是希望能够找到一个既能保证质量，又能使得质量总成本尽量小的点或区间。

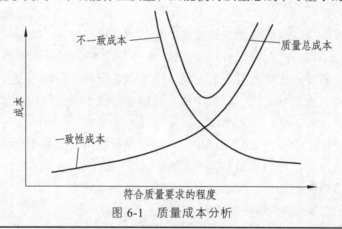

图 6-1　质量成本分析

【Tips】：预防/评估成本与失败成本的主要区别：失败成本会随着时间的推移重复产生，而预防/评估成本则是一种投资，会随着时间的推移不断产生效益。

【扩展资料 6-5】质量成本还可以划分为显性质量成本（Observable Quality Costs）和隐性质量成本（Hidden Quality Costs）。前者主要指账面有记载的成本，后者指由于劣质产品导致的机会成本，如失去的销售额、下降的市场占有率等，质量成本计量的困难主要体现在隐性成本。

【扩展资料6-6】传统质量成本观要求以最少的质量资金投入为出发点，允许不合格品的存在，这种观点具有明显的缺陷。现代质量成本观的基本思想：任何产品的缺陷都会给企业带来损失，应该将不符合质量要求的产品降到零，消除失败（缺陷）成本。在此模式下，要求每一个人"第一次就要把事情做好"，通过加大事前预防成本和鉴定（评估）成本，避免缺陷产品的出现。因此，企业的最佳质量成本就是不合格品率为零时的质量成本。

6.2.3　质量管理计划

　　质量管理计划（Quality Management Plan）描述如何实施适用的政策、程序和指南以实现质量目标。质量管理计划可以是正式或非正式的，非常详细或高度概括的。其内容包括：

　　（1）项目采用的质量标准。

　　（2）项目的质量目标。

　　（3）质量角色与职责。

　　（4）需要质量审查的项目可交付成果和过程。

　　（5）为项目规划的质量控制和质量管理活动。

　　（6）项目使用的质量工具。

　　（7）与项目有关的主要程序，如处理不符合要求的情况、纠正措施程序以及持续改进程序。

　　项目质量管理的基本宗旨是"质量出自规划，而非出自检查"，只有做出精确的质量计划，才能指导项目实施、做好质量控制。质量计划编制的目的在于确定适合于项目的质量目标和标准，以及如何达到目的的过程，它是项目计划的主要组成部分。质量政策是项目组织中高级管理层规定的项目质量管理的大政方针，是一个组织进行项目质量管理的指导思想和中心意图，是项目计划编制应遵循的原则和依据。

6.3　管理质量

6.3.1　管理质量的概念

　　管理质量（Manage Quality）是把组织的质量政策用于项目，并将质量管理计划转化为可执行的质量活动的过程。该过程的作用是提高实现质量目标的可能性；识别无效过程和导致质量低劣的原因；使用控制质量过程的数据和结果向干系人展示项目的总体质量状态。

　　管理质量有时被称为质量保证（Quality Assurance），但"管理质量"的定义比"质量保证"更广，因其可用于非项目工作。在项目管理中，质量保证着眼于项目使用的过程，旨在高效地执行项目过程，包括遵守和满足标准，向相关方保证最终产品可以满足他们的需求、期望和要求。管理质量包括所有质量保证活动，还与产品设计和过程改进有关。管理质量的工作属于质量成本框架中的一致性工作。

　　管理质量过程执行在项目质量管理计划中所定义的一系列有计划、有系统的行动和过程，有助于：

　　（1）通过执行有关产品特定方面的设计准则，设计出最优的成熟产品。

　　（2）建立信心，相信通过质量保证工具和技术（如质量审计和故障分析）可以使未来输出满足特定的需求和期望。

（3）确保使用质量并确保其使用能够满足项目的质量目标。

（4）提高过程和活动的效率与效果，获得更好的成果和绩效并提高相关方的满意度。

管理质量是所有人的共同职责，包括项目经理、项目团队、项目发起人、执行组织的管理层，甚至是客户。在敏捷型项目中，整个项目期间的质量管理由所有团队成员执行；但在传统项目中，质量管理通常是特定团队成员的职责。

6.3.2 质量审计

审计是管理质量过程中的一种工具和技术，用于确定项目活动是否遵循了组织和项目的政策、过程与程序的一种结构化且独立的过程。质量审计通常由项目外部的团队开展，如组织内部审计部门、项目管理办公室（PMO）或组织外部的审计师。

质量审计目标主要包括：

（1）识别全部正在实施的良好及最佳实践。

（2）识别全部违规做法、差距及不足。

（3）分享所在组织或行业中类似项目的良好实践。

（4）积极、主动地提供协助，以改进过程的执行，从而帮助团队提高生产效率。

（5）强调每次审计都应对组织经验教训的积累做出贡献。

采取后续措施纠正问题，可以降低质量成本，并提高发起人或客户对项目产品的接受度。质量审计可事先安排，也可随机进行；可由内部或外部审计师进行。

质量审计还可以确认已经批准的变更请求（包括更新、纠正、缺陷补救和预防措施）的实施情况。

【Tips】：质量改进的开展，可基于质量控制过程中的发现和建议、质量审计的结果，或管理质量过程中需要问题解决。PDCA 戴明环（计划—实施—检查—行动）和六西格玛是最常用于分析和评估改进机会的两种质量改进工具。

6.4 控制质量

控制质量（Control Quality）是为了评估绩效，确保项目输出完整、正确，并满足客户期望，而监督和记录质量管理活动执行结果的过程。

本过程的主要作用是，核实项目可交付成果和工作已经达到主要相关方的质量要求，可供最终验收。控制质量过程确定项目输出是否达到预期目的，这些输出需要满足所有适用标准、要求、法规和规范。本过程需要在整个项目期间进行。

控制质量过程的目的是在用户验收和最终交付之前测量产品或服务的完整性、合规性和适用性。本过程通过测量所有步骤、属性和变量，来核实与规划阶段描述的一致性和合规性。

控制质量的努力程度和执行程度可能会因所在行业和项目管理风格而不同。例如，相比其他行业，制药、医疗、运输和核能产业可能拥有更加严格的质量控制程序，为满足标准所付出的工作也更多；在敏捷或适应型项目中，控制质量活动可能由所有团队成员在整个项目生命周期中开展，而在瀑布或预测型项目中，控制质量活动由特定团队成员在特定时间点或项目、阶段快结束时执行。

【Tips】：任何随机原因引起的偏差都是可接受的，不意味着过程失控；任何非随机原因引起的偏差都是不可接受的，都意味着过程失控。

在《PMBOK® 指南》第六版中，把旧版中的"实施质量保证过程"改成了"质量管理过程"。管理质量和控制质量过程的区别如表 6-4 所示。

表 6-4　管理质量和控制质量的区别

质量管理	管理质量（质量保证）	控制质量
目的	识别并改进无效过程，着眼于预防措施和过程改进，避免质量问题的发生	集中识别和解决已经出现的质量问题
重点	过程控制	测量和核实
范围	适用于项目和非项目工作，包括产品设计和过程改进	关注产品和服务的完整性、合规性和适用性，确保它们与规划阶段所描述的一致
活动	质量审计、故障分析、实验设计、质量改进方法等，旨在通过质量工具和技术建立信心，确保满足需求	质量检测、数据收集、数据表现、测试评估等
责任人	项目经理、团队、发起人、管理层以及客户的共同职责；在敏捷型项目中，由所有团队成员共同执行	可能由整个团队或特定团队成员承担，依项目管理风格而定；在敏捷型项目中，由所有团队成员执行；在瀑布型项目中，通常是特定团队成员的职责

6.5　项目质量管理的基本工具

项目质量管理的常见工具有以数理统计方法为主的排列图（帕累托图）、因果图（鱼骨图）、调查表、直方图、散点图、控制图、分层法等（老七种工具）；也有以语言分析和逻辑思维方法为主的亲和图、关联图、系统图、矩阵图、箭线图、过程决策计划图、矩阵数据分析法（新七种工具）。不管是哪种方法，都是用于质量提升和改善的方法。

6.5.1　老七种工具

1. 排列图（帕累托图）（Pareto Diagram）
排列图是一种将数据按重要性降序排列的简单条形图，有两个纵坐标轴，左侧纵坐标轴表示累计频数，右侧纵坐标轴表示累计频率。图中横坐标轴表示影响产品质量的各个因素或项目，按影响质量程度的大小，从左到右依次排列。每个直方形的高度表示该因素影响的大小。排列图是一种寻找影响质量主次因素的方法，其特点在于简明易懂，形象具体。

【例 6-8】：某品牌打印机缺陷统计如表 6-5 所示，根据统计得到该品牌打印机缺陷统计排列图，如图 6-2 所示。

表 6-5　缺陷统计

缺陷	数量	累计百分比
有条纹	9	27.3%
有斑点	9	54.5%
卡纸	5	69.7%
纸被搞皱	4	81.8%
不送纸	3	90.9%
不复印	2	97.0%
其他	1	100.0%

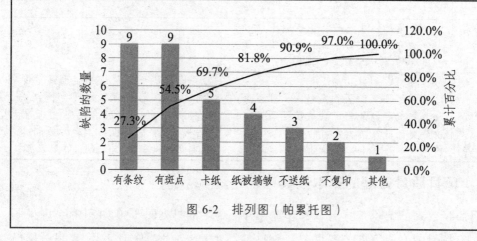

图 6-2　排列图（帕累托图）

2．因果图（Cause and Effect Diagram）

因果图又称鱼骨图、why-why 分析图和石川图，将问题陈述的原因分解为离散的分支，有助于识别问题的主要原因或根本原因。因果图是指出造成问题的多种原因和资源因果关系的描述，用一种有创意的方法来揭示问题的原因或其潜在原因。这种方法鼓励组织内部的思考和讨论，方便进行头脑风暴，可以用于探究未来的结果及其相关的因素。

【例 6-9】：一个物流中心配送延迟的鱼骨图如图-3。

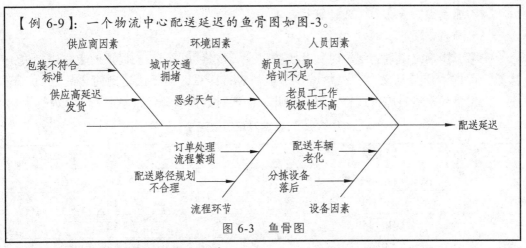

图 6-3　鱼骨图

3. 调查表（Check sheet）

调查表是质量控制中常用的一种工具，用于系统性地收集、记录和分析与项目质量相关的数据和信息。它是一种结构化的问卷或表格，用于收集不同阶段或过程中的关键性数据，以评估质量绩效、发现问题和识别改进机会。通过收集来自不同团队成员、相关方或执行环节的信息，调查表能够提供客观的、量化的数据，用于评估项目的质量水平和整体表现。调查表能够提供实时、客观的质量数据，帮助项目团队监控和管理质量，识别问题并持续改进，以确保项目交付的成果符合预期的质量标准。

【例 6-10】：表 6-6 是一个调查表的示例。

表 6-6　调查表

投诉	第 1 周	第 2 周	第 3 周	第 4 周	……
账单出错	2	1	2	3	……
送货出错	1	3	1	1	……
送货误时	3	5	4	5	……
……	……	……	……	……	……

4. 直方图（Histogram）

直方图是一种显示数据在一组连续值中分布情况的条形图，也称频率分布图。直方图的作用在于对数据加工整理和观察分析，掌握质量分布规律，判断生产过程是否正常。它有两种表现形式，分别是频数直方图和频率直方图。由于都是对质量进行分析的工具，因此这两种直方图的横坐标都是质量特性，而纵坐标分别是频数和频率。

绘制直方图通常包括以下 5 个步骤：

（1）求极差。

（2）确定组数和组距。

（3）确定各组界限。

（4）编制频数分布表（或计算频率）。

（5）画直方图。

在第二步确定组数和组距时，若组数过少，虽然可得到相当简单的表格，却失去次数分配的本质与意义；若组数过多，虽然表格详尽，但无法达到简化的目的。通常，应先将异常值剔除再进行分组。因此，一般对数据的分组可参照表6-7进行。

表6-7　数据量对应组数建议

数据数	组数
0～50	5～7
51～100	6～10
101～250	7～12
250～	10～20

通过对直方图的观察和分析可以看出生产是否稳定，即质量的情况如何。直方图的典型形状如表6-8所示。

表6-8　直方图典型形状

序号	直方图形状	分布类型	说明
1		对称分布（正态分布）	生产过程正常，质量稳定
2		偏态分布（右）	正常生产情况，但由于技术、习惯原因所产生的偏态分布，为异常生产情况
3		偏态分布（左）	正常生产情况，但由于技术、习惯原因所产生的偏态分布，为异常生产情况
4		锯齿分布	分组的组数不当、组距不是测量单位的整数倍、测试时所用的方法和读数有问题
5		孤岛分布	短期内不熟练的工人替班造成

续表

序号	直方图形状	分布类型	说明
6		陡壁分布	由剔除不合格品、等外品或超差返修后造成
7		双峰分布	由两种不同的分布混在一起检查的结果
8		平峰分布	生产过程中由缓慢变化的因素起主导作用的结果

基于以上情况，直方图与标准规格的比较总的来说大致分为表6-9中的几种类型。

表 6-9 直方图与标准规格的比较

序号	图形	说明
1		生产正常、稳定，满足质量要求
2		生产稍有波动会超出公差带，出现不合格品；应努力减少分散，或可能时增大公差带
3		生产正常、稳定，但不经济
4		稍有不慎，可能超上限；应采取措施使分布移向公差带中心
5		已超出公差范围，出现不合格品；应设法减少分散程度

123

续表

序号	图形	说明
6	T_L T_u	大部分正常，小部分超差，可能是不熟练工人临时替班造成；应查明原因予以消除

5. 散点图（Scatter Diagram）

散点图主要用于寻求两个质量特性间的相互关系，以及关系的密切程度。散点图能够展示两个变量的关系，一个变量表示过程、环境或活动的任何要素，另一个变量表示质量缺陷，用以确定两个变量间是否存在可能的联系。图64展示了其中的几种典型情况。

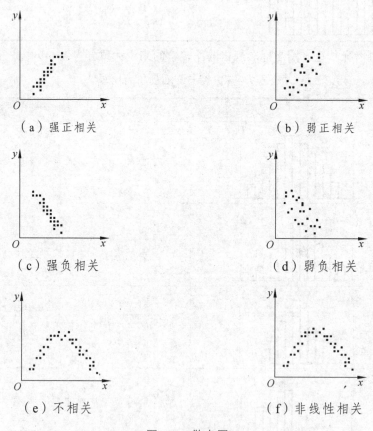

（a）强正相关 （b）弱正相关

（c）强负相关 （d）弱负相关

（e）不相关 （f）非线性相关

图 6-4 散点图

6. 控制图（Control Chart）

根据数据随时间的变化，动态掌握质量状态，判断生产过程的稳定性，以实现对工序质量的动态控制。通常纵坐标表示质量特性，横坐标表示样本序号，如图 6-5 所示。

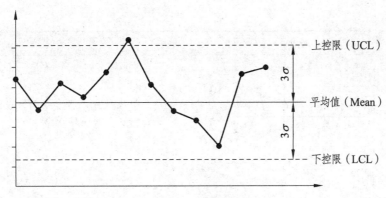

图 6-5　控制图

控制图绘制的基本步骤如下：

（1）计算各组数据的均值和极差。

（2）计算总平均值和极差平均值。

（3）计算控制界限（CL、UCL、LCL）。

（4）制图并描点。

与直方图类似，从控制图中也可以看出生产是否稳定，有助于优化管理项目过程。表610为一些典型的控制图形状及说明。

表 6-10　控制图形状分析

序号	图形	说明
1		在中心线一侧连续出现 7 个以上点，说明过程有问题
2		点的排列连续上升或下降，说明过程有变化
3		按一定的周期性变化时，应调查过程，查明原因

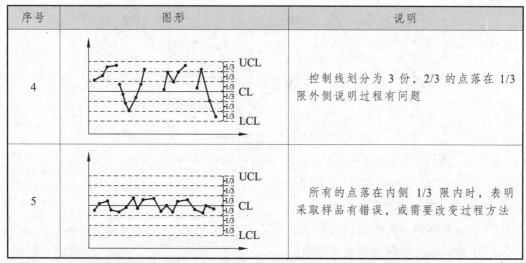

序号	图形	说明
4		控制线划分为 3 份，2/3 的点落在 1/3 限外侧说明过程有问题
5		所有的点落在内侧 1/3 限内时，表明采取样品有错误，或需要改变过程方法

7. 分层法（stratification）

分层法也叫分类法或分组法，是把收集来的数据按照一定标志进行分类的方法。标志是指不同的特性指标，如数据的不同来源、不同影响因素、不同工艺方法、不同原材料、不同操作人员、不同加工设备、不同时间等。

【例 6-11】：某工厂将一年内发生的质量事故，按不同时间班次进行分层分析，如表 6-11 所示。

表 6-11 某厂质量事故的分层分析表

班次	质量事故次数
早班	17
午班	19
小夜班	14
大夜班	20
合计	70

数据的列表整理法比较简单，但很适用。当我们收集到许多杂乱无章的数据后，首先应进行列表整理，即可大概地描述出数据分布的基本特征，为进一步分析数据打好基础。有时候列表就已经解决了问题的一大半。

【Tips】：帕累托图抓重点；检查表集数据；因果图追原因；直方图看分布；散布图看相关；控制图找异常；分层法作解析。

6.5.2 新七种工具

新七种工具是日本科学技术联盟于 1972 年组织一些专家运用运筹学或系统工程

的原理和方法，经过多年的研究和现场实践后于 1979 年正式提出，主要用于质量管理。新七种工具的提出不是对"老七种工具"的替代而是对它的补充和丰富。

1. 关联图（Interrelationship Diagram)

关联图是把关系复杂而相互纠缠的问题及其因素，用箭头连接起来的一种图示工具，从而找出影响某一质量的各种因素之间的因果关系。

按目的分类：单一目的型关联图：只分析一个质量问题；多目的型关联图：分析两个或两个以上问题，如图 6-6 所示。

按图形特征分类：中央集中型关联图：问题放在图形中央，因素逐层放在周围；单侧汇集型关联图：问题放在图形的一侧（左侧或右侧），因素逐层放在周围，如图 6-7 所示。

按作用分类：因果型关联图：用于分析因素与因素、因素与问题之间的因果关系；目的手段型关联图：用于分析因素与因素、因素与目标之间的目的、手段的关系；应用型关联图：关联图与其他工具联合应用。

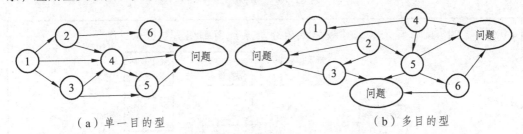

（a）单一目的型　　　　　　　　　　（b）多目的型

图 6-6　按目的分的关联图类型

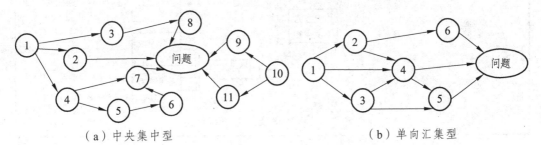

（a）中央集中型　　　　　　　　　　（b）单向汇集型

6-7　按图形特征分的关联图类型

在绘制关联图时，将问题与原因用圆形或方框框起，箭头表示因果关系，箭头指向结果，在标明因果关系后，对做好的关联图进行判别：

（1）箭头只进不出的节点是问题节点（最终结果）。

（2）只出不进的节点是问题的最主要因素。

（3）而有进有出的节点是中间因素。

（4）出多于进的中间因素被称之为关键中间因素。

【Tips】：当因素之间没有互相缠绕时，没有必要使用关联图，鱼骨图是更有效的方法。

---

2. 系统图（Systematic Diagram）

系统图是指系统寻找达到目的的手段的一种方法，它的具体做法是把要达到目的所需要的手段逐级深入，按图形画法分为侧向展开型和宝塔型，如图 6-8 所示。系统图的主要目的在于寻求目的的执行对策，明确问题的构成因素。

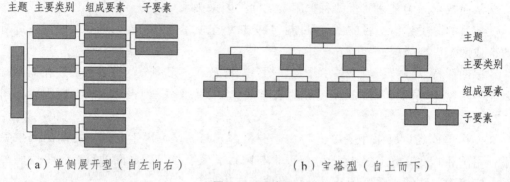

（a）单侧展开型（自左向右）   （h）宝塔型（自上而下）

图 6-8　系统图

【例 6-12】：某工厂工人工作效率低的分析系统图如图 6-9 所示。

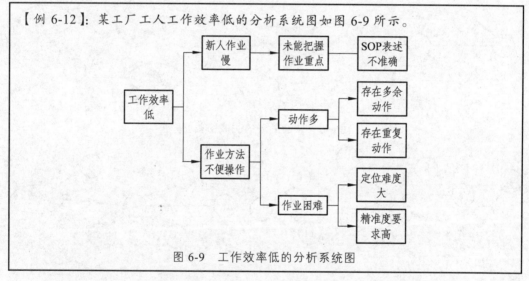

图 6-9　工作效率低的分析系统图

因果图、系统图和关联图是分析原因常用的 3 种方法，其特点比较如表 6-12 所示。3 种方法都适用于针对单一问题进行原因分析，原因之间没有交叉影响，因果图的展开层次一般不超过四层，而系统图和关联图在展开层次上没有限制。其中，关联图不仅可以针对单一问题进行分析，还可以对两个及以上问题进行原因分析，这样一来，部分原因就会把两个及以上的问题纠缠在一起，便于找到造成若干问题背后的根本原因。

表 6-12　因果图、系统图和关联图的比较

方法名称	适用场合	原因之间联系	展开层次
因果图	针对单一问题进行原因分析	原因之间没有交叉影响	一般不超过四层
系统图	针对单一问题进行原因分析	原因之间没有交叉影响	没有限制

续表

方法名称	适用场合	原因之间联系	展开层次
关联图	针对单一问题进行原因分析	原因之间有交叉影响	没有限制
	对两个以上问题进行原因分析	部分原因把两个以上的问题纠缠在一起	

3. 亲和图法（Affinity Diagram）

亲和图可以对潜在缺陷成因进行分类，展示最应关注的领域。亲和图又称 A 型图解法、KJ 法（川喜田二郎），是将未知的问题、未曾接触过领域的问题的相关事实、意见或设想之类的语言文字资料收集起来，并利用其内在的相互关系作成归类合并图，以便从复杂的现象中整理出思路，抓住实质，找出解决问题的途径的一种方法。

制作亲和图的具体步骤如下：

（1）明确目的及语言数据的来源。

（2）记录下收集到的语言数据。

（3）将各语言数据抄至卡片上，确认描述的准确性和简洁性，并删除内容相同的卡片。

（4）依据各语言数据的亲和性（即有亲近感，所表述内容类似），将卡片分组放置。

（5）将各组卡片所表达的关键语以简洁的文字表述出来，产生"亲和力"。

（6）如各"亲和力"间有亲和性，则可重复步骤（5）中的操作，最后用一个标题来汇整各"亲和卡"中的内容，完成亲和图。

【例6-13】：某快递企业客户满意度低，对客户进行调查后绘制亲和图如图6-10。

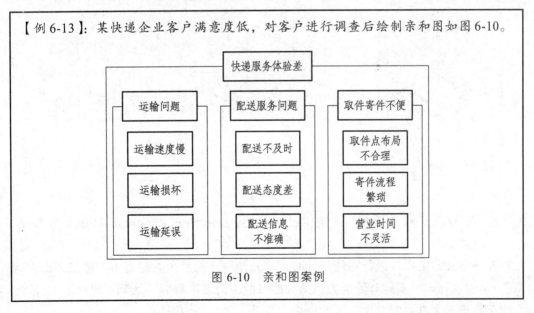

图 6-10　亲和图案例

【Tips】：在绘制亲和图时，需要注意以下两点：
　　（1）卡片上的语言描述应尽可能清晰简练。
　　（2）当绘制亲和图时有离群卡片出现，可先放置一边，待亲和图完成后再确认该卡片的处理方法。

4．矩阵图法（Matrix Diagram）

矩阵图在行列交叉的位置展示因素、原因和目标之间的关系程度。矩阵图法就是从多维问题的事件中，找出成对的因素，排列成矩阵图，然后根据矩阵图来分析问题、确定关键点的方法，它是一种通过多因素综合思考，探索问题的好方法。

矩阵图适用于已经根据对问题分析的结果拟定出许多对策，希望通过矩阵分析找出最适对策的情况。其主要包括 L 型、T 型、X 型、Y 型、C 型、P 型 6 种类型矩阵图，如图 611 所示。

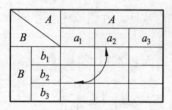

（a）L 型矩阵图

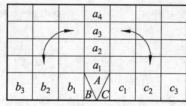

（b）T 型矩阵图

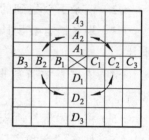

（c）X 型矩阵图

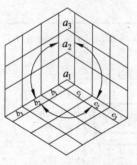

（d）Y 型矩阵图

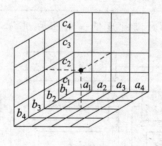

（e）C 型矩阵图

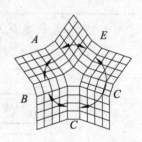

（f）P 型矩阵图

图 6-11　矩阵图类型

5．过程决策程序图法（PDPC，Process Decision Program Chart）（见图 6-12）

在制定计划阶段或进行系统设计时，事先预测可能发生的障碍（不理想事态或结果），从而设计出一系列对策措施以最大的可能引向最终目标（达到理想结果）。该法可用于防止重大事故的发生，因此也称之为重大事故预测图法。

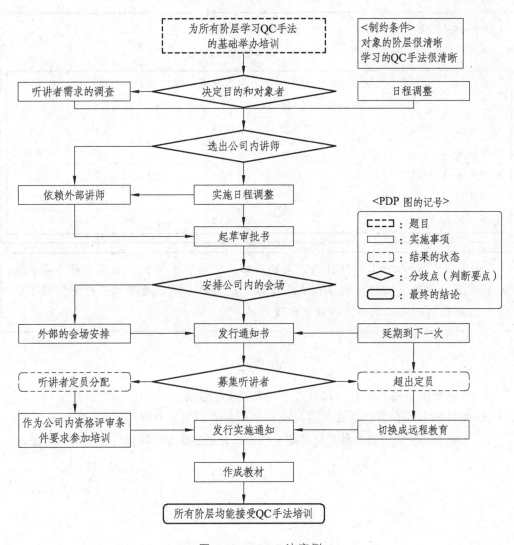

图 6-12 PDPC 法实例

6. 箭线图法（Arrow Diagram Method，ADM）

箭线图法又称矢线图法或双代号网络图法（Activity-On-Arrow，AOA），是计划评审法在质量管理中的具体运用，使质量管理的计划安排具有时间进度内容的一种方法。它有利于从全局出发、统筹安排、抓住关键线路、集中力量、按时和提前完成计划，是网络图在质量管理中的应用。由于在本书前文已经进行了详细介绍，在此就不做赘述。

7. 矩阵数据分析法（Matrix Data Analysis Chart）

矩阵图上各元素间的关系用数据进行量化，使整理和分析结果更加精确，这种用数据表示的矩阵图法，叫作矩阵数据分析法。

【例 6-14】：矩阵数据分析表示例如表 6-13 所示。

表 6-13　矩阵数据分析法

元素	易控制	易使用	网络性能	软件兼容	便于维护	总分	权重/%
易于控制	0	4	1	3	1	9	26.2
易于使用	0.25	0	0.20	0.33	0.25	1.03	3.0
网络性能	1	5	0	3	3	12	34.9
软件兼容	0.33	3	0.33	0	0.33	4	11.6
便于维护	1	4	0.33	3	0	8.33	24.2
总分之和	34.37						

【Tips】：QC 新七种工具的特性：是整理语言资料的手法；是能有效解决零乱问题的手法；是能充实计划内容，减少遗漏、疏忽的手法；是使相关人员能够了解且协力推行的手法；是淋漓尽致表达过程的手法。

思考题

1. 简述质量管理的过程，以及 3 个过程之间的关系。
2. 质量成本的含义是什么？质量成本分析的应用场景有哪些？
3. 质量管理领域的老七种工具和新七种工具分别是哪些？简述每种工具的用途。

参考文献

[1] 美国项目管理协会（PMI）. 项目管理知识体系指南（PMBOK® 指南）[M]. 6 版. 北京：电子工业出版社，2018.

[2] 美国项目管理协会（PMI）. 项目管理知识体系指南（PMBOK® 指南）[M]. 7 版. 北京：电子工业出版社，2022.

[3] 美国项目管理协会（PMI）.敏捷实践指南[M]. 北京：电子工业出版社，2018.

[4] 英国政府商务办公室（OGC）. PRINCE2®成功的项目管理方法论[M]. 伦敦：英国文书局（TSO），2009.

[5] 国际项目管理协会.个人项目管理能力基准——项目管理、项目集群管理和项目组合管理[M]. 中国优选法统筹法与经济数学研究会项目管理研究委员会,译.4 版. 北京：中国电力出版社，2019.

[6] 中国（双法）项目管理研究委员会. 中国项目管理知识体系（C-PMBOK2006）（修订版）[M]. 北京：电子工业出版社，2008.

[7] 克莱门斯，吉多. 成功的项目管理[M]. 张金成，杨坤译.5 版. 北京：电子工业出版社，2012.

[8] 美国项目管理协会（PMI）. 工作分解结构（WBS）实践标准[M]. 3 版. 北京：电子工业出版社，2021.

[9] 哈罗德·科兹纳. 项目管理：计划、进度和控制的系统方法[M]. 译者：杨爱华 王丽珍 石一辰 等译 12 版. 北京：电子工业出版社，2018.

[10] 宾图.项目管理（英文版）[M]. 鲁耀斌，赵玲译注. 2 版. 北京：机械工业出版社，2012.

[11] 特雷弗. 成功的项目管理[M]. 5 版. 北京：中信出版社，2017.

[12] 汪小金. 王博士解读 PMP®考试[M]. 6 版. 北京：电子工业出版社，2020.

[13] 段世霞，马歆. 项目管理[M]. 上海：立信会计出版社，2008.

[14] 曾赛星，董正英，吕康娟. 项目管理[M]. 北京：北京师范大学出版社，2007.

[15] 屠梅曾. 项目管理[M]. 上海：格致出版社；上海：上海人民出版社，2008.

[16] 郭宁.IT 项目管理[M]. 2 版. 北京：人民邮电出版社，2017.